外研社·HSK课堂系列
HSK Class Series

U0587298

Level 5
Listening

HSK

专 项 突 破

5级听力

◎ 王祖嫘　刘畅/编著

外语教学与研究出版社
北 京

图书在版编目（CIP）数据

HSK 专项突破 5 级听力 ／ 王祖嫘，刘畅编著. －－ 北京：外语教学与研究出版社，2016.4（2023.8 重印）

（外研社·HSK 课堂系列）

ISBN 978-7-5135-7358-0

Ⅰ. ①H… Ⅱ. ①王… ②刘… Ⅲ. ①汉语－听说教学－对外汉语教学－水平考试－自学参考资料 Ⅳ. ①H195.4

中国版本图书馆 CIP 数据核字 (2016) 第 080015 号

出 版 人	王　芳
责任编辑	刘虹艳
执行编辑	吴晓静
装帧设计	姚　军
出版发行	外语教学与研究出版社
社　　址	北京市西三环北路 19 号（100089）
网　　址	https://www.fltrp.com
印　　刷	北京虎彩文化传播有限公司
开　　本	787×1092　1/16
印　　张	11
版　　次	2016 年 5 月第 1 版 2023 年 8 月第 3 次印刷
书　　号	ISBN 978-7-5135-7358-0
定　　价	48.00 元

如有图书采购需求，图书内容或印刷装订等问题，侵权、盗版书籍等线索，请拨打以下电话或关注官方服务号：

客服电话：400 898 7008

官方服务号：微信搜索并关注公众号"外研社官方服务号"

外研社购书网址：https://fltrp.tmall.com

物料号：273580001

记载人类文明
沟通世界文化
www.fltrp.com

出版说明

"外研社·HSK 课堂系列"是根据孔子学院总部 / 国家汉办 2015 版《HSK 考试大纲》编写的一套训练学生听、说、读、写各方面技能的综合性考试教材。

2009 年，国家汉办推出新汉语水平考试（简称新 HSK），在吸收原有 HSK 优点的基础上，借鉴国际语言测试研究的最新成果，提出"考教结合"的原则，为汉语学习者提供了新的汉语水平测试和学习平台。为帮助考生熟悉新 HSK 考试，有效掌握应试策略和备考方法，并真正提高汉语能力，外语教学与研究出版社推出了"外研社·新 HSK 课堂系列"，含综合教程、专项突破、词汇突破、全真模拟试卷等多个子系列产品。该系列自推出后受到广大读者的广泛好评，销量居同类图书前列，不少品种均多次重印。

2015 年，孔子学院总部 / 国家汉办对 2009 版大纲进行修订，根据主题式教学和任务型教学的理论及方法，增加了话题大纲、任务大纲，改进了语言点大纲，并细化了词汇大纲。针对 2015 版大纲的最新变化，并结合广大教师及考生对"外研社·新 HSK 课堂系列"提出的宝贵意见和建议，外研社组织具有丰富 HSK 教学及研究经验的专家、教师编写了这套全新的"外研社·HSK 课堂系列"。

"外研社·HSK 课堂系列"旨在帮助考生掌握 HSK 的考试特点、应试策略和应试技巧，培养考生在真实考试情境下的应对能力，进而真正提高考生的汉语语言能力。全套丛书既适用于课堂教学，又适用于自学备考，尤其适用于考前冲刺。

本系列包含如下产品：

- "21 天征服 HSK 教程"系列
- "HSK 专项突破"系列
- "HSK 词汇"系列（含词汇突破、词汇宝典）
- "HSK 通关：攻略·模拟·解析"系列
- "HSK 全真模拟试题集"系列

本系列具有如下主要特点：

全新的 HSK 训练材料

- 详细介绍 HSK 考试，全面收录考试题型，提供科学系统的应试方案和解题技巧。

- 根据最新 HSK 大纲，提供大量典型例题、专项强化训练和模拟试题。

- 对 HSK 全部考点进行详细讲解和答题技巧分析，帮助考生轻松获得高分。

- 所有练习均为模拟训练模式，让考生身临其境，提前备战。

全面、翔实的备考指导

- 再现真实课堂情境，帮助考生计划时间，针对考试中出现的重点和难点提供详细指导，逐步消除考生的紧张心理。

- 将汉语技能融合到考点中讲授，全面锻炼考生的汉语思维，有效提高考生在 HSK 考试中的应试能力。

- 提供多套完整的模拟试题和答案解析，供考生在学习完之后，根据自身情况进行定时和非定时测验。

- 试题训练和实境测试紧密结合，图书与录音光盘形成互动。所有听力试题在光盘中均有相应录音，提供的测试时间与真实考试完全一致，方便考生及时了解自身水平。

我们衷心希望外研社的这套"HSK 课堂系列"能够为考生铺就一条 HSK 考试与学习的成功之路，同时为教师解除教学疑惑，共同迎接美好的未来。

编写说明

汉语水平考试（HSK）是一项国际标准化考试，重点考查汉语非第一语言的考生在生活、学习和工作中运用汉语进行交际的能力。考试等级包括 HSK（一级）、HSK（二级）、HSK（三级）、HSK（四级）、HSK（五级）和 HSK（六级）。

本书是针对 HSK（五级）听力部分编写的考前培训与模拟测试教程。目前现有的 HSK 辅导教程为考生们了解考试形式、熟悉题型等提供了不少帮助，但也存在一定的局限。首先，现有的辅导教材多为习题集，习题多而分析少，考生只能通过大量做题，自己摸索考试规律，缺乏对重难点、命题思路和应试策略的专业分析；其次，现有的辅导教材多是综合型题集，听力、阅读、书写一把抓，缺乏分技能指导，无法从各部分自身的特点和规律出发进行应试辅导，因此考生的收获有限。

针对上述问题，我们在认真研究《HSK 考试大纲（五级）》、HSK（五级）词汇表、HSK（五级）真题的基础上，充分把握考试重难点和命题思路，编写了这本《HSK 专项突破 5 级听力》。本书共包含六部分：

一、HSK（五级）听力题型介绍

本部分对五级听力考试的考试形式、考试时间和考试题型等进行了全面的介绍。

二、HSK（五级）听力模拟自测卷

本书开篇以一套完整的听力试卷，让备考初期的考生或辅导班用于摸底自测，方便考生了解自己的水平，找出亟待解决的问题。

三、HSK（五级）听力考试重点和难点

本部分对五级听力涉及的十项重点和难点逐一进行了分析，并附上典型例题，让教师和考生可以一目了然，对各种类型的试题做到心中有数。

四、HSK（五级）听力答题攻略

本部分分别就五级听力的三种不同题型——短对话、长对话和短文进行分析，解析不同题型对应的考试重难点，并结合大纲样卷和真题，提供富有针对性和操作性的答题攻略。

五、HSK（五级）听力专项练习

在试题分析之后分别配有短对话、长对话和短文的专项练习题。学习题型解析及答题攻略后，教师和考生可以选择相应的练习进行强化训练，加深记忆，熟练应用相关攻略。

六、HSK（五级）听力模拟试题四套

本部分包含四套完整的听力模拟测试题，用于辅导班和考生进行阶段自测和模拟考试。每套模拟题后还附有录音文本和详细的答案解析。

本书几乎包含了迄今为止最为详尽的听力题型解析和答题攻略，并根据听力考试经常出现的场景归纳了语境核心词汇表。模拟试题严格按照 HSK 考试大纲设计，题型、题量、难度等均与样卷一致，具有代表性和针对性，书后附有听力录音光盘，考生也可通过扫描封底的二维码，在线收听听力录音。本书适用于考前三到一个月的强化训练，既可供考生自学，也可用作 HSK（五级）的短期辅导教程。

本书的编者王祖嫘和刘畅分别来自北京外国语大学和北京语言大学，是拥有十余年汉语教学经验的资深汉语教师，曾在国内外担任

HSK 考试的教学辅导工作，对考试十分熟悉，并进行过深入的分析和研究。衷心希望广大考试辅导教师和考生能从本书中获益，也欢迎使用者对本教材的不足之处批评指正。

最后，祝愿考生朋友们取得优异的成绩！

编者

2016 年 2 月

目　录

汉语水平考试（HSK）介绍

汉语水平考试（HSK）是一项国际标准化考试，重点考查汉语非第一语言的考生在生活、学习和工作中运用汉语进行交际的能力。

考试等级包括 HSK（一级）、HSK（二级）、HSK（三级）、HSK（四级）、HSK（五级）和 HSK（六级）。HSK 各等级与《国际汉语能力标准》《欧洲语言共同参考框架（CEFR)》的对应关系如下表所示：

HSK	词汇量	《国际汉语能力标准》	《欧洲语言共同参考框架（CEFR）》
HSK（六级）	5000及以上	五级	C2
HSK（五级）	2500		C1
HSK（四级）	1200	四级	B2
HSK（三级）	600	三级	B1
HSK（二级）	300	二级	A2
HSK（一级）	150	一级	A1

一、能力描述

通过 HSK（一级）的考生能理解并使用一些非常简单的汉语词语和句子，具备进一步学习汉语的能力。

通过 HSK（二级）的考生能用汉语就生活中一些常见的话题进行简单而直接的交流。

通过 HSK（三级）的考生能用汉语完成生活、学习、工作等方面的基本交际任务。

通过 HSK（四级）的考生能用汉语就比较复杂的话题进行交流，表达较为规范、得体。

通过 HSK（五级）的考生能用汉语就比较抽象或专业的话题进行讨论、评价和发表看法，能较轻松地应对各种交际任务。

通过 HSK（六级）的考生能用汉语自如地进行各种社会交际活动，汉语应用水平接近汉语为母语者。

二、考试原则

HSK 遵循"考教结合"的原则，考试设计与目前国际汉语教学现状、使用教材紧密结合，目的是"以考促教""以考促学"。

HSK 关注评价的客观、准确，更重视发展考生的汉语的应用能力。

HSK 制定明确的考试目标，便于考生有计划、有成效地提高汉语应用能力。

三、考试用途

HSK 成绩可以满足多元需求，为下列用途提供参考依据：

1．院校招生、分班授课、课程免修、学分授予；

2．用人机构录用、培训、晋升工作人员；

3．汉语学习者了解、提高自己的汉语应用能力；

4．相关汉语教学单位、培训机构评价教学或培训成效。

另外，HSK 考试成绩还是外国学生申请"孔子学院奖学金"和来华参加"汉语夏令营"的必备条件。

四、成绩公布

考试结束一个月后，考生可登陆汉语考试服务网 www.chinesetest.cn 查询成绩。HSK 成绩报告由国家汉办颁发，成绩自考试日起两年内有效。

HSK（五级）介绍

HSK（五级）考查考生的汉语应用能力，涉及体验感悟、文学艺术和自然等9大话题，涵盖租住房屋、制定旅行计划、人际交往等12个语言任务。它对应于《国际汉语能力标准》五级、《欧洲语言共同参考框架（CEFR）》C1级。通过HSK（五级）的考生能用汉语就比较抽象或专业的话题进行讨论、评价和发表看法，能较轻松地应对各种交际任务。

一、考试对象

HSK（五级）主要面向按每周3-4课时进度学习汉语两年以上，掌握相关话题、任务、语言点及2500个常用词语的考生。

二、考试结构

HSK（五级）共100题，分听力、阅读、书写三部分。全部考试约125分钟（含考生填写个人信息时间5分钟）。

考试内容		试题数量（个）		考试时间（分钟）
听力	第一部分	20	45	约30
	第二部分	25		
填写答题卡（将听力部分的答案填涂到答题卡上）				5
阅读	第一部分	15	45	45
	第二部分	10		
	第三部分	20		
书写	第一部分	8	10	40
	第二部分	2		
共计	/	100		约120

1．听力

第一部分，共 20 题。每题听一次。每题会听到一个对话和一个问题，试卷上有四个选项，考生根据听到的内容选出答案。

第二部分，共 25 题。每题听一次。这部分试题是四到五句对话和一个问题，或一段话和两到三个问题，试卷上每题有四个选项，考生根据听到的内容选出答案。

2．阅读

第一部分，共 15 题。这部分有四篇文字，每篇文字中有三到四处空白，空白处应填入一个词语或一个句子，每处空白有四个选项，考生要从中选出答案。

第二部分，共 10 题。每题有一段文字，考生要从四个选项中选出与这段文字内容一致的一项。

第三部分，共 20 题。有五篇文章，每篇文章有四个问题，考生要从每题四个选项中选出答案。

3．书写

第一部分，共 8 题。每题有几个词语，考生要用这几个词语组成一个句子。

第二部分，共 2 题。第一题有五个词语，考生要用这五个词语写一篇八十字左右的短文；第二题有一张图片，考生要结合图片写一篇八十字左右的短文。

三、成绩报告

HSK（五级）成绩报告提供听力、阅读、书写和总分四个分数，满分 300 分。同时，报告还提供百分等级常模表，考生可以大体了解自己的成绩在全球考生中的位置。

专项篇

第一章

考试简介

第一节　题型介绍

HSK（五级）听力试题分为两部分，共45题，总时间为30分钟左右。内容见下表：

考试内容		试题数量（个）	考试时间（分钟）
HSK（五级）听力	第一部分：短对话	20	约30
	第二部分：长对话和短文	25	
填写答题卡(将听力部分的答案填涂到答题卡上)			5

第一部分是听短对话，共20题，考试时间12分钟左右，平均每道题约36秒，每题录音播放之后大约停顿14秒。

第二部分是听长对话和短文，共25题，其中对话一般为10题左右，短文一般为15题左右。考试时间约18分钟，平均每道题约43秒，每题录音播放之后大约停顿15秒。

录音宣布听力考试结束后，考生有5分钟时间填写答题卡。HSK考试的答题卡需要用2B铅笔填写，由于考试时间紧张，建议考生先直接将答案画在答题卡上，最后再利用5分钟时间检查，把画得不清晰的地方加深加粗。不建议考生在卷子上画答案，最后再填到答题卡上。

第二节　听力模拟自测卷

第一部分

第 1−20 题：请选出正确答案。

1. A 很精彩
   B 很刺激
   C 很有趣
   D 很无聊

2. A 老师和学生
   B 教练和运动员
   C 导游和游客
   D 导演和演员

3. A 邮局
   B 医院
   C 银行
   D 车站

4. A 设备新
   B 装修好
   C 位置好
   D 面积大

5. A 下午参加开幕式
   B 下午会见到老板
   C 今天穿得很正式
   D 上班经常系领带

6. A 教育保险
   B 健康保险
   C 财产保险
   D 家庭保险

7. A 新软件
   B 换电脑
   C 买点儿药
   D 去医院

8. A 无所谓
   B 不耐烦
   C 很愤怒
   D 很难过

9. A 表示赞美
   B 表示谦虚
   C 表示否定
   D 表示同情

10. A 调查
    B 质量
    C 样式
    D 广告

11. A 七点四十
    B 八点
    C 九点十分
    D 九点半

12. A 歌手
    B 主持人
    C 老师
    D 学生

13. A 公司
    B 饭店
    C 银行
    D 车站

14. A 非常节约
    B 注重环保
    C 最爱绿色
    D 喜欢画画

15. A 推迟退房
    B 换个房间
    C 预订房间
    D 登记入住

16. A 没听天气预报
    B 出门前忘了
    C 别人帮她带了
    D 忘了伞放在哪儿

17. A 看中文电影
    B 看中文杂志
    C 听中文歌
    D 交中国朋友

18. A 水果
    B 茶
    C 糖
    D 酒

19. A 慢慢适应
    B 不一起住
    C 互相理解
    D 继续吵架

20. A 题目
    B 内容
    C 结构
    D 字数

第二部分

第 21－45 题：请选出正确答案。

21. A 订火车票
    B 看演出
    C 订会议室
    D 订饭店

22. A 丢了新手表
    B 不喜欢便宜货
    C 用了网上银行
    D 不喜欢货到付款

23. A 星期六
    B 星期天
    C 星期一
    D 星期三

24. A 同情男的
    B 讽刺男的
    C 赞扬男的
    D 怀疑男的

25. A 朋友
    B 夫妻
    C 母子
    D 兄妹

26. A 让男的帮她付钱
    B 让男的帮她拿东西
    C 让男的帮她挑选
    D 让男的帮她砍价

27. A 批评女的
    B 害怕女的
    C 安慰女的
    D 担心女的

28. A 机场
    B 火车站
    C 地铁站
    D 公共汽车站

29. A 不太有自信
    B 想做市场营销工作
    C 有市场销售经验
    D 没学过市场营销

30. A 爱情小说
    B 武侠小说
    C 历史小说
    D 恐怖小说

31. A 母鸡
    B 母猪
    C 母马
    D 黄瓜

32. A 被别人看见了
    B 跑得太慢了
    C 忘了在偷东西
    D 找不到大门了

33. A 飞机上
    B 公共汽车上
    C 火车上
    D 船上

34. A 座位旁边
    B 行李架上边
    C 铺位上边
    D 座位下边

35. A 网上订书很方便
    B 中国的网络公司
    C 怎样在网上买书
    D 怎样选择喜欢的书

36. A 书的价格
    B 从哪家公司买书
    C 作者的名字
    D 邮寄的方式

37. A 信用卡号码
    B 公司的名字
    C 公司的地址
    D 书的名字

38. A 谁更受欢迎
    B 谁能做衣服
    C 谁的速度快
    D 谁的力量强

39. A 温和的
    B 厉害的
    C 严格的
    D 热闹的

40. A 变得健康
    B 变得富有
    C 买到黄金
    D 得到双手

41. A 一只眼睛
    B 两条腿
    C 一座房子
    D 很多时间

42. A 兴奋
    B 害怕
    C 怀疑
    D 拒绝

43. A 手和眼睛很重要
    B 健康就是财富
    C 年轻人很富有
    D 时间就是金钱

44. A 上海是旅游城市
    B 上海的历史和文化
    C 上海是经济中心
    D 上海购物的地方

45. A 淮海路
    B 四川北路
    C 南京路
    D 徐家汇

录音文本

(音乐, 30秒, 渐弱)

大家好! 欢迎参加 HSK (五级) 考试。
大家好! 欢迎参加 HSK (五级) 考试。
大家好! 欢迎参加 HSK (五级) 考试。

HSK (五级) 听力考试分两部分, 共45题。
请大家注意, 听力考试现在开始。

第一部分

第 1-20 题，请选出正确答案。现在开始第 1 题：

1. 女：听说昨晚的演出很精彩。
   男：别提了，我差点儿没睡着。
   问：男的认为演出怎么样？

2. 女：大家都到齐了，可以开始了吗？
   男：好。先做五分钟准备活动，然后跑 1000 米，跑完正式开始训练。
   问：这两个人可能是什么关系？

3. 女：你好！请帮我挂一个上午的内科。
   男：对不起，上午没号了。挂下午的行吗？
   问：这段对话发生在哪儿？

4. 女：这套房离地铁也不近，装修又简单，凭什么租金这么贵？
   男：房东说电视、冰箱、洗衣机什么的都是新买的名牌货。
   问：房子租金贵的原因是什么？

5. 女：今天怎么系上领带了？
   男：下午陪老板参加大会开幕式，不系不行啊。
   问：关于男的，下面哪项不对？

6. 女：我大学刚毕业，也结了婚，买什么保险比较合适？
   男：健康险是人人必需的。另外，我会向有家庭的人推荐财产保险。
   问：女的首先应该买什么保险？

7. 女：我的笔记本速度太慢，病毒好像怎么杀也杀不干净。

   男：你的杀毒软件早就过期了。

   问：根据对话，女的可能需要什么？

8. 女：跟你说多少次了！早点儿睡早点儿睡。明早孩子还得上幼儿园呢。

   男：哎呀，行了行了，一句话不知道要重复多少遍。

   问：男的是什么态度？

9. 女：这几天真是辛苦你了，非常感谢！

   男：这都是我们应该做的。有什么地方做得不好，还请您提出来，我们好加以改进。

   问：男的是在做什么？

10. 女：最近的调查显示，顾客对我们产品的质量和样式还是非常满意的。

    男：对，我们只要再加大广告宣传，北方市场就一定是我们的。

    问：他们在什么方面需要改进？

11. 女：明天八点走怎么样？

    男：早点儿走吧。火车九点半开，得提前20分钟到火车站。

    问：他们坐几点的火车？

12. 男：他的风格我不喜欢，像老师给学生讲课。

    女：他太严肃了。嗓子倒是不错，唱歌大概还可以，主持娱乐节目就不合适了。

    问：他们在谈论什么人？

13. 男：你从公司出来了没？

女：早出来了。我可能晚几分钟到饭店，刚才顺路去了趟银行。

问：女的现在要去哪儿？

14. 女：买个塑料袋就两毛钱，干吗背个大书包去超市？

男：这不是钱不钱的问题，现在什么都得"绿色"。

问：根据对话，男的是个什么样的人？

15. 男：你好。我原计划明天退房，你看能不能再住两天？

女：对不起，您现在住的房间已经预订出去了。给您换个房间可以吗？

问：男的想做什么？

16. 男：你怎么没带伞？下午有大雨。

女：我知道有雨，都准备好带伞了。出门前接了个电话，就把它给忘了。

问：女的为什么没带伞？

17. 女：老师，我想多学一些中文词语，应该怎么做？

男：你可以阅读一些中文材料。

问：根据老师的说法，下列哪项对女的有帮助？

18. 男：听说客人来了，中国人常用茶、烟、糖来招待。

女：对，喝茶的时候还可以准备一些水果。

问：中国人招待客人的东西中，他们没提到哪个？

19. 女：真受不了我同屋了，刚刚又跟她吵了一架。

男：住在宿舍里，本来大家生活习惯就不一样。你与其吵架，还不如搬出去。

问：男的觉得应该怎么做？

20．男：主编，您看我的这篇文章怎么样？

女：题目、内容和结构都挺不错的，就是长了点儿，能不能改到三千字以内？

问：关于文章，女的认为哪方面需要修改？

第二部分

第 21—45 题，请选出正确答案。现在开始第 21 题：

21．男：您好，请问你们饭店有包间吗？

女：有，您几位用餐？

男：大概六到八位吧。

女：我们的小包间只能坐四位，大包间可以坐八到十位左右，就帮您定大的吧。

男：没问题，谢谢你。

问：男的要做什么？

22．女：你的手表真不错，是新买的吗？

男：这是我在网上买的，又便宜又好用。

女：在网上买东西怎么付款？

男：付款方式很多，你可以货到付款，也可以像我一样通过网上银行转账。

问：关于男的，下面哪项正确？

23．男：你太客气了，来看我还带这么多水果！

女：多吃点儿水果对你的身体有好处。你现在感觉怎么样？

男：医生说我恢复得不错，再住四五天就可以出院了。

女：太好了，今天是星期六，下周我来接你！

问：男的最有可能什么时候出院？

24．男：我已经连续五天没有睡过一个整觉了。

女：怪不得你脸都黑了。忙什么呢？是不是谈恋爱了？

男：别开玩笑了，我忙着赶论文呢，下个星期就要交了。

女：你要是早点儿准备，现在何必开夜车呢？

问：女的是什么意思？

25．女：劝你少喝酒，我说了多少遍，你就是不改。

男：不是告诉你了吗？每次我都喝得不多。

女：有什么重要的事，非喝酒不可？

男：朋友在一起，总得喝点儿酒。我不可能说"今天老婆不让我喝"吧。

问：他们是什么关系？

26．女：哥，你陪我去趟商店。

男：你还是找个女伴去吧，我可不愿意逛商店。

女：你不去，那谁帮我拎包啊？

男：啊？你要买多少东西呀？

女：要买的可多啦！鞋、衣服、化妆品什么的，快跟我走吧。

问：女的为什么让男的陪她逛商店？

27．女：教练，这是我拿到驾照以后第一次开车上路。

男：别紧张，速度慢一点儿，注意手和脚的配合。

女：可是，一看见旁边有车我就害怕。

男：怕什么，该怕的不是你，而是别人。

问：男的是什么意思？

28. 女：请问去奥林匹克公园是在这儿上车吗？

    男：您得先坐 10 号线到北土城，然后换 8 号线。

    女：可是我的行李太多了，上不去电梯呀。

    男：站台北边有直梯，您可以带着行李去那边。

    问：对话是在哪儿进行的？

29. 男：你应聘的是市场销售人员，但是你并没有这方面的经验啊。

    女：我经验不多，但我自学了市场营销专业的课程，很快就可以拿到证书了。

    男：看来你对自己很有信心。

    女：如果您给我这个机会，我一定不会让您失望的。

    问：关于女的，可以知道什么？

30. 女：你都爱看什么样的小说啊？

    男：还是学生的时候，我爱看武侠小说、爱情小说，喜欢浪漫的、刺激的故事。

    女：那现在呢？

    男：现在这种小说对我来说已经过时了，我爱看历史小说、名人传记什么的。

    问：男的现在喜欢看什么小说？

第 31 到 32 题是根据下面一段话：

天黑了，一个小偷悄悄地爬进了邻居家的菜园子。他边偷黄瓜边想："嘿嘿，我偷走一篮子黄瓜，拿到市场上卖掉，买一只母鸡回来。鸡下蛋，蛋孵鸡，我把小鸡喂大，卖掉，再去买一头母猪。母猪长大后，会生下很多小猪，然后呢，我把小猪卖掉，再买一匹母马，我的母马会给我生许多小马。我把小马养大，再卖掉，就可以买一间房子和一块菜地。买了菜地，再种上黄瓜，天天看着，不让别人偷！"小偷高兴极了，忘了自己在偷东西，竟然哈哈大笑起来！邻居听到笑声，急忙跑出来，把小偷狠狠地打了一顿。

31．小偷到邻居家偷什么？

32．小偷为什么失败了？

第 33 到 34 题是根据下面一段话：

旅客朋友们，大家好！

欢迎乘坐本次列车。请您看清车票标明的座位号。小号座位号在靠近乘务员室的这边，大号在另一边。当您找到座位后，请摆放好自己的行李物品，比较重的放到座位或铺位下面，比较轻的物品摆放到行李架上。在您摆放物品的时候，请不要穿鞋蹬踩座位，以免影响其他旅客乘坐。为了您和大家的安全，请不要把易燃易爆等危险品带上车。请不要在车厢内吸烟。谢谢您的合作，祝您旅途愉快！

33．你最可能在哪儿听到这段广播？

34．根据这段广播，重的行李应该放在哪儿？

第 35 到 37 题是根据下面一段话：

从网上订书是非常方便的。在中国，许多互联网图书公司可以把书寄到顾客的手里。你要做的只是决定你想从哪家公司买书，然后上网搜索公司的名字。几秒钟后，公司的网页就出现了。接下来你可以在网页提供的地方输入你喜欢的作者或是书的名字。如果决定买书，你需要提供更多的信息，如地址和信用卡号码，还需要决定书的邮寄方式。最后，你要做的就是等待书送到你的手中来。

35．这段话主要介绍了什么？

36．在网上订书，首先要决定什么？

37．如果决定买书，还应该提供什么信息？

第 38 到 39 题是根据下面一段话：

北风和太阳互相争论谁的力量更强大。他们决定，谁能让路上的行人脱下衣服，谁就胜利了。北风开始用力地刮，路上的行人都紧紧裹住了自己的衣服，风刮得越猛，行人就加上越多的衣服。风刮累了，这时，太阳出来了。他把温暖的阳光洒向行人，行人开始热起来了，太阳继续照着，行人开始出汗，把衣服一件一件都脱了下来，于是太阳取得了胜利。

38．北风和太阳为了什么比赛？

39．这段话告诉我们，在生活中什么样的方式更好？

第 40 到 43 题是根据下面一段话：

有一个年轻人，他总是抱怨自己太穷了。

"要是我能有一大笔财富，那该有多好啊！我的生活该多快乐呀！"

一天，一个老人从他家门口路过，听到这个年轻人的话，就问他：

"你为什么不开心啊？其实，你有最大的财富！"

"我？"年轻人惊讶地说，"我有什么财富啊？"

"你有一双眼睛！你只要给我一只眼睛，我就可以给你想要的东西。"老人说。

"你说到哪儿去了？"年轻人说，"无论给我什么宝贝，我都不会拿眼睛去换的！"

"那好，"老人说，"那就给我你的一双手吧，这双手也可以换很多黄金！"

"不行！我不会拿自己的手去换黄金的！"年轻人说。

"现在你知道了吧，你是很富有的。"老人说，"相信我的话吧，年轻人！一个人最大的财富就是他的健康和精力，这是无论多少钱都买不来的。"

40．这个年轻人有什么愿望？

41．老人让年轻人用什么换财富？

42．对老人的提议，年轻人是什么态度？

43．这个故事告诉我们什么？

第 44 到 45 题是根据下面一段话：

上海是中国的优秀旅游城市、历史文化名城和经济中心之一。上海一直有"购物天堂""东方巴黎"的美称。旅游者到了上海，除了可以欣赏大城市的风光，还能充分享受购物的乐趣。比如，中华商业第一街——南京路，高雅商业文化街——淮海路，工薪阶层的购物街——四川北路，时尚的徐家汇商业街，富有民族特色的豫园商城，等等，都是上海购物的中心地段。

44．这段话主要介绍了什么？

45．哪个是工薪阶层喜欢的购物街？

听力考试现在结束。

答案解析

1　D　"别提了"表示说话人因不喜欢或痛苦而不愿意再说起某事或某物。男人说"别提了"，可以判断后面是不好的情况。选项中只有 D 为贬义。"差点儿没睡着"跟"差点儿睡着了"是一样的意思，也可知演出很无聊。

2　B　从"准备活动""跑 1000 米""训练"可以判断这两个人是教练和运动员的关系。

3　B　录音中出现了"挂号"的"挂"和"号"以及"内科"，可以判断是医院场景。

4　A　"电视、冰箱、洗衣机"都属于"设备"。录音中提到这些东西"都是新买的"，因此正确答案是 A。

5　D　女的问男的"今天怎么系上领带了？"，表示她对他系领带感到意外。由此可以知道男的平时不系领带，今天是特殊情况。

6　B　女的虽然有家庭，可以买财产保险，但健康险"人人必需"，每个人都一定要有。问题是"女的首先应该买什么保险？"，因此正确答案是 B。

7　A　他们在说笔记本电脑里的病毒，而不是生病的病毒，因而跟吃药、去医院完全无关。根据录音，病毒杀不干净的原因是"杀毒软件早就过期了"，所以是软件的问题，而不是电脑本身的毛病。

8　B　"行了行了"是表示不耐烦的典型形式。"一句话不知道要重复多少遍"的意思是"这句话已经重复很多遍了"，也是表示不耐烦的意思。

9　B　"有什么地方做得不好"是一个假设，并不是真的觉得自己做得不好，因此并不是表示否定。请对方提出缺点的目的是要改进自己的工作，所以态度是谦虚的。

10　D　根据女的所说，产品的质量和样式都没有问题。"只要……就……"表示满足前面说的条件，后面的事情就一定会实现。录音中提到"只要再加大广告宣传，北方市场就一定是我们的"，也就是说占有北方市场唯一的条件就是加大广告宣传，所以在广告方面需要改进。

11　D　录音中提到"火车九点半开"，可知他们坐的是九点半的火车。选项 B 是女的认为他们应该出发去火车站的时间。选项 C 是男的认为他们应该到达火车站的时间。

12　B　"像"是指"有一些共同点"，录音中提到"像老师给学生讲课"，所以他们谈论的既不是老师也不是学生。通过"不喜欢""太严肃""不合适"可以判断出男女二人都对他持否定态度。"主持娱乐节目就不合适了"是这种否定态度的中心，可知他是主持人。

13　B　题目问的是"女的现在要去哪儿？"。根据录音，她早就从公司出来了，刚才又去了趟银行，都是过去已经完成的事情。女的说"可能晚几分钟到饭店"，可知她现在要去饭店。

14　B　"这不是钱不钱的问题"表示男的这么做并不是为了省钱，因此选项 A 不对。男的背书包去超市是为了不使用塑料袋。结合现实生活，可以想到跟环保有关。这里的"绿色"指的是"无污染的、环保的"。

15　A　宾馆场景。男的问"能不能再住两天"，意思是想推迟退房。"换个房间"是宾馆工作人员提出的，不是男的的本意。

16　B　女的说"知道有雨"，可见知道天气预报。根据录音可以知道，她是因为"出门前接了个电话"，所以"把它给忘了"。

17　B　老师的建议是"阅读"。A、C、D都是听和说的练习。

18　D　两人提到招待客人的东西有茶、烟、糖、水果，没有提到酒。

19　B　男的说"与其吵架，还不如搬出去"。"与其……不如……"用来做比较，意思是后者比前者好。所以男的认为搬出去比吵架好，也就是"不一起住"更好。

20　D　女的说文章"就是长了点儿"，希望男的"改到三千字以内"，所以是在长度、字数上需要修改。

21　D　饭店场景。考查对话主旨。根据录音可以知道男的要在饭店订一个包间，从而得出正确答案是D。

22　C　从对话开头可以知道男的在网上买了手表，可以先从选项中画出包含关键词的A、C两项。根据对话后半段可知男的用了网上银行，可知正确答案是C。根据录音，男的是买了新手表，而不是丢了新手表。通过"又便宜又好用"，可以知道男的并没有不喜欢便宜的东西。"可以……也可以……"表示在两者中任选其一，没有不喜欢其中一个的意思，可以排除选项D。

23　D　数字题，考查推断日期。考生可以做简单的笔记，今天是星期六，再过四五天出院，可以推算出是在下星期三或星期四出院。选项中只有星期三，所以选D。"四五天"表示概数，只根据这一信息无法具体推知确切的日期，因此如果选项中出现连续的两天，则一定是错误选项，可以直接排除。选项A、B、C为连续日期，应排除。

24　B　"何必"用在反问句里，表示"为什么一定要……呢？"，意思是"不必"。"开夜车"指熬夜。女的说"你要是早点儿准备，现在何必开夜车呢？"，用了反问句，语气比较重，表示讽刺。

25　B　女的对男的喝酒表示不满，男的说自己是跟朋友在一起，不能说

"今天老婆不让我喝",可知他们是夫妻关系。

26　B　女的说"你不去,那谁帮我拎包啊?",反问句,意思是"你不去就没有人帮我拎包了",所以女的是让男的帮她"拎包"。"拎"的意思是"提","拎包"就是"提东西、拿东西"的意思。

27　C　观点态度题。女的第一次开车上路非常紧张。男的说"别紧张""怕什么",可以判断他是在安慰女的。"怕什么?"是反问句,意思是"什么都不用怕"。最后一句是开玩笑,意思是"你开得不好,别人会害怕被你撞到"。

28　C　语境题。根据关键词"上车""10号线""8号线",可以判断对话发生在车站。从10号线换到8号线,可知不是坐火车。女的遇到的麻烦是行李多,不能上电梯,而公共汽车站并没有电梯,可知对话发生在地铁站。

29　B　面试场景。根据对话前两句了解到女的要应聘市场销售工作,可以先根据关键词画出B、C、D三项,然后再根据对话其他部分陆续排除其他错误选项。男的说"你并没有这方面的经验",因此C项错误。女的说"我自学了市场营销专业的课程",意思是自己学习过市场营销,因此D项错误。

30　C　男的一共提到四类书籍——武侠小说、爱情小说、历史小说、名人传记。选项D"恐怖小说",录音中并未提及,可以排除。在选项A、B、C中,前两个是当学生的时候喜欢的,现在已经过时,所以也不是正确答案。当录音中出现明确表示态度类的词语时,可以通过做记号来帮助选择。"过时"的意思是过去流行而现在不流行了。

31　D　第一句提到故事发生的地点是"菜园子",小偷"边偷黄瓜边想",要用卖黄瓜的钱去买其他东西,最后买了地之后,还想再种上黄瓜。录音中多次提到这一信息,题目难度较低。

32　C　录音中提到,小偷想到偷了黄瓜之后可能发生的好事,"忘了自己在偷东西",他"哈哈大笑起来",从而引来了邻居。

33　C　语境题。根据第二句出现的关键词"列车",即可判断这是一段在火车上的广播。

34　D　细节题。根据录音"比较重的放到座位或铺位下面"。"铺位"指火车上的卧铺。

35　C　主旨大意题。录音第一句话就提出了话题"网上订书",之后一步一步地介绍了网上订书的具体步骤。

36　B　这篇说明文的线索词是"然后""接下来""最后",可简单做笔记。根据录音,网上订书的第一个步骤是"决定你想从哪家公司买书,然后上网搜索公司的名字",虽然前面省略了"首先""第一",通过后面的线索词以及行文的顺序也可以推断出正确答案为B。

37　A　细节题。根据录音,如果决定买书,需要提供的信息有"地址和信用卡号码",因此正确答案为A。

38　D　主旨大意题。录音开头就提到北风和太阳"争论谁的力量更强大",抓住这一点即可知道正确答案为D。

39　A　太阳是温和的,它把温暖的阳光带给行人。北风是厉害的、严格的,让人把自己裹得更紧。在这次比赛里,太阳赢而北风输,证明温和的方式更好。"热闹"是指"人多,气氛很热烈",和太阳没有关系。

40　B　"要是"表示假设。根据录音"要是我能有一大笔财富,那该有多好啊",可以知道年轻人希望可以变得富有,所以B选项为正确答案。

41　A　老人让年轻人交换财富的东西是他的一只眼睛或者一双手,所以A选项为正确答案。

42　D　对老人的提议,年轻人表示不同意,所以是拒绝的态度。

43　B　根据最后一句"一个人最大的财富就是他的健康和精力",可知选项B为正确答案。选项A"手和眼睛很重要",虽然意思本身没错,但是并不是这个故事想要表达的意义。手和眼睛代表着健康,所以健康就是财富。

44　D　四个选项里的字样,录音中都有提到。不过录音的后一半都在列举上海的购物中心,所以"购物"才是这段话主要介绍的内容。

45　B　细节题。根据录音"工薪阶层的购物街——四川北路",可以知道选项B为正确答案。

第三节　考试重点和难点

　　五级听力属于 HSK 考试中等级较高的考试。根据《国际汉语能力标准》关于汉语口头交际能力五级水平的描述，学习者应该"能听懂多种场合下的正式或非正式的交谈或发言，包括与自己工作或学习相关的讨论，能抓住要点，把握基本情况，明白说话人的目的和意图"。与六级考试相比，五级听力的难度相对较低，主要考查人们日常生活的常用话题，同时也包括一些工作场合较为正式的语言。至于书面语较多的新闻报道、演讲等则较少涉及。基本特点可以总结为：日常话题为主，话题范围广。因此，考生在备考时要尽量熟悉多种话题场景和相关词汇。

　　听力考试的题型也大多围绕上述语言能力的要求进行设计，本书总结归纳了十项听力考试的重点和难点，介绍如下：

1. 掌握话题主旨

　　这类题目考查的是考生的整体理解能力，对话有可能包含很多细节，但这些并不是最重要的，考生只需抓住谈话的主题即可。如：

例 1

　　A 健身的好处　　　　　　　　B 存款的利息

　　C 怎样办健身卡　　　　　　　D 投资产品的种类

（真题 H51005 第 24 题）

【录音文本】

男：你好，是在这儿办健身卡吗？

女：是的。您是办次卡还是办月卡？次卡一张600，含30次；
月卡500，不限次数。

男：次卡有效期是多长时间？

女：一年。

问：男的正在咨询什么？

【答案解析】

　　本题对话中包含很多细节，如健身卡的价格、有效期等，考生听的时候容易分散注意力，总希望记住这些细节。但实际上题目考查的是对话主旨，观察选项可以发现，其中并没有涉及细节。明确了这一点，只要将注意力集中在话题的主要意思上，从对话一开始就抓住"办健身卡"的主题，即可得到正确答案C。

　　本类题目的选项往往出现四个不同的主题，听前可以通过观察选项来预测题目的类型。主旨类题目的提问方式常常有"……在谈论什么？""……要做什么？"等。

2．抓谈话细节

　　这类题目和第一类的考查重点相反，要求考生在已知的主题下抓住谈话的某些细节，通常是一些关键词和短语，如时间、地点、人物、事件等。如：

例2

A 元旦　　　　　　　　　　　B 国庆节

C 结婚纪念日　　　　　　　　D 男的的生日

（真题H51003第15题）

23

【录音文本】

女：明天是咱俩的结婚纪念日，你有什么打算？

男：这么特殊的日子，我听你的安排好了。

问：明天是什么日子？

【答案解析】

　　本题理解的关键是"结婚纪念日"。四个选项给出的都是节日、生日等同类项目，从对话可以知道今天是"特殊的日子"，只有听懂关键词"结婚纪念日"，才能找出正确答案 C。

　　本类题目的选项一般会出现几种不同情况的描述，考生可以观察几个选项是否相关、是否属于同一个主题，从而判断题目的类型。如果选项都是人物，一般会考查做某事的人是谁；如果选项都是动词短语，一般会考查某人做了什么事；如果选项都是日期、时间、百分数等，则是数字类题目。细节类题目的问题通常包括"什么""什么时候""怎么""怎么样"等词语。

3．语境知识

　　语境知识类的题目一般出现在对话中，要求学生通过听对话，判断说话人的职业和身份、说话人之间的关系、对话发生的地点等。如：

例3

A 旅行社　　　　　　　　　　B 政府部门

C 广告公司　　　　　　　　　D 高级服装店

（真题 H51005 第 22 题）

【录音文本】

男：我想去云南放松放松，所以不希望时间安排得太紧。

女：您放心，我们会为您考虑这一点的。

男：具体时间，我回去跟太太商量一下再告诉你们。

女：好的，您决定了，随时都可以给我们打电话，这是我的名片。

问：女的最可能在哪儿工作？

【答案解析】

　　问题问女的在哪儿工作，实际考查的是对话发生的地点，要求考生通过两人对话的内容，推测出对话发生的语境。虽然对话中没有出现"旅游"这两个字，但从谈话内容可以听出，女的的工作是帮助男的安排旅游，由此可以得出正确答案是 A。

　　语境知识类题目很容易辨认，如果选项出现四个不同的地方，一般是考查会话场景的题目；如果出现四个不同的身份，如夫妻、母子、兄妹等，一般是考查人物关系的题目；如果出现四种不同的工作，则是考查说话人职业的题目。

　　HSK（五级）听力注重考查考生的汉语交际能力，因此在内容上，对各种交际场合和语境的考查范围很广，对相关语境的词汇积累也提出了较高的要求。HSK（五级）听力经常涉及的话题和场景有：

> 商务合作、谈判、公司管理、餐饮、购物、交通、
> 学校、家庭、天气、新闻出版、娱乐体育、
> 兴趣爱好、银行金融、IT 技术、通信、社区生活、
> 邮政快递、医疗健康

　　与以上话题有关的词汇和表达应该成为考生备考的重点。特别需要注意的是，随着人们生活的现代化，出现了很多与日常生活息息相关的新事物、

新词语，如网络技术、移动信息技术、办公现代化、电子商务等，相关的场景和词汇也被引入了 HSK（五级）听力当中，需要考生特别注意准备。本书在第二章第二节答题攻略中为考生归纳了部分核心词汇（参见第 38 页），考生可加以关注，重点掌握。

4．因果关系

　　这类题型考查的是事件的原因。原因一般不能通过抓关键词来判断，而是要理解整句的意思。如：

例 4

A 文件很大　　　　　　　　B 光盘有问题

C 需要别人帮忙　　　　　　D 现在不能下载

（真题 H51002 第 17 题）

【录音文本】

女：你把资料都复制到光盘上了吗？

男：正在复制呢，文件太大了，可能还得再等几分钟。

问：为什么还要再等几分钟？

【答案解析】

　　对话讨论的事件是在电脑上复制文件。事件的原因并不难懂，录音中提到"文件太大了"，但理解的要点在于听懂对话谈论的是电子文件，而不是纸质文件，这样才能建立"文件太大"和"再等几分钟"之间合理的逻辑关系，从而得到正确答案 A。

5．曲折表达

　　曲折表达指的是不直接说出决定或态度，而是用一种曲折委婉（indirect）

的方式表达出来。理解曲折表达，从中判断说话人的语气、态度、意愿和决定等，是中高级听力考查的一项重点。在考试中，我们很少听到"是"或"否"这样的直接表达，而必须从一套较长的复杂表达中判断出肯定或否定的意思。其中，否定意思的曲折表达更为常见，考生需要特别引起注意。如：

例 5

A 不赞成贷款   B 得去一趟银行

C 餐厅今天不营业   D 公寓附近也可以取钱

（真题 H51004 第 12 题）

【录音文本】

男：你回公寓等我吧，我先去银行取点儿钱。我们一会儿去楼下的餐厅吃饭。

女：公寓附近就有取款机，何必去银行呢？

问：女的是什么意思？

【答案解析】

本题考查的是女的的态度。女的使用了"何必……呢？"，表示含蓄否定，意思是不赞成男的的话。综合全句可以得出女的认为公寓附近就可以取钱，不用去银行。

例 6

A 去送她妈妈   B 继续找项链

C 送妈妈项链   D 出去买项链

（2009 年大纲样卷第 6 题）

【录音文本】

男：算了，别找了。旧的不去，新的不来。

女：那怎么行呢？这条项链可是我妈妈送给我的。

问：女的要做什么？

【答案解析】

　　本题的问题是"女的要做什么？"，实际考查的是她的态度。男的说"别找了"，女的用"那怎么行呢？"这一反问句表示否定态度，综合后面的话语可以知道她要继续找项链，从而得到正确答案 B。对话中的俗语"旧的不去，新的不来"，是干扰语句，即使没听懂也不影响对对话的理解。

　　例题考查的是负面意义的曲折表达。常考的功能有表示拒绝、不同意见、含蓄否定、负面态度等。曲折表达的手段大体可以分为显性和隐性两种。

　　显性手段主要包括两个层面：语音层面和结构形式层面。语音层面主要是指说话人的重音、语调、停顿、反问的语气等；结构形式层面主要是指一些常用的词语、结构以及重点句式，如反问句等。常用于曲折表达的结构和惯用语有：

常用结构/惯用语	例句
哪里哪里/哪儿啊	A：你的汉语真好呀！ B：哪里哪里/哪儿啊，还差得远呢。
什么呀	A：昨天和你一起吃饭的是你男朋友吧？ B：什么呀，那是我新来的同事。
……才怪	这么冷的天穿裙子，不感冒才怪呢。
未必……	A：他们队的水平这么高，肯定能打赢这场比赛吧？ B：比赛还要看队员的发挥，光有水平也未必能赢。

（续表）

常用结构/惯用语	例句
何必……呢	A：怎么能这样和老师说话，太没礼貌了！ B：她还是个孩子，你何必生气呢！
不过……而已	A：听说你们部门的小刘最近当经理了。 B：不过是个经理而已，瞧他高兴的！
A是A，就是……	A：这姑娘这么漂亮，你不喜欢吗？ B：漂亮是漂亮，就是书读得太少了。
有什么……的	A：今天是你的生日，应该好好庆祝一下。 B：唉，又老了一岁，有什么好庆祝的？
别提了	A：这次考试你的成绩不错吧？ B：别提了，我有两门课不及格。
拉倒吧/算了吧/得了吧	A：周末你要是没事，陪我一起去逛街吧。 B：拉倒吧/算了吧/得了吧，你又想让我替你拎包啊。
不见得	A：孩子的英语总学不好，是不是不感兴趣？ B：那也不见得，可能是学习方法有问题。
真是的	你也真是的，我告诉你多少次别忘了带钥匙，你总是记不住。
不像话	工作还没做完，他说走就走，太不像话了！
伤脑筋	跟你说了几遍了，你还是不明白，真伤脑筋。

　　隐性手段主要指涉及中国文化背景和语言习惯的表达形式及修辞手法，如成语、俗语、比喻、借代、夸张等。难度相对较大，主要靠考生平时的积累。本类题型常见的提问形式有"……是什么意思？""……在做什么？"等。

6. 判断推理

　　判断和推理指的是听力考查的内容在听力材料中并没有直接说出来，需要考生根据听到的内容做出推断。这类题目最大的难点在于，听力材料一般较长，而选项往往包含了较多的干扰细节，考生听完材料后容易忘记录音中的细节，因此不易做出推断。如：

例7

A 女的是主持人　　　　　　　　B 小王有点儿担心

C 他们在参加宴会　　　　　　　D 小王的主持经验丰富

（真题 H51005 第 4 题）

【录音文本】

男：这次活动的规模很大，还要上电视，一定要找一个合格的
　　主持人。

女：小王经验丰富，反应快，您放心吧。

问：通过对话，可以知道什么？

【答案解析】

　　本题的四个选项互相没有明显的关联，干扰细节较多，很难预测题目的考查重点。听对话时，女的没有直接说小王的主持经验丰富，需要先听懂男的要找一名主持人，再联系女的的话进行整体理解之后方能推知正确答案是 D。

本类题目常见的提问方式有"关于……，可以知道什么？""根据对话，下面哪项是正确的？"等。要解决这类题目，需要通过做笔记、排除法等办法，我们在后文"答题攻略"中再做介绍。

7. 观点和态度

这类题型在五级听力中十分常见，要求考生根据对话判断说话人的语气、情感和态度等。学习第五类"曲折表达"，对于理解观点态度类题型是很有

帮助的。如：

例 8

   A 责备   B 安慰

   C 询问   D 夸奖

（真题 H51001 第 8 题）

【录音文本】

男：大夫，这种手术大概需要多长时间？

女：你别紧张，十分钟就好了。

问：女的是什么语气？

【答案解析】

从四个选项可以看出例题是考查情感态度类的问题。男的问有关手术的情况，女的回答"你别紧张"，是一种表示安慰的常用说法，由此可以判断正确答案是 B。

本类题型极易辨认，当看到选项出现四个表示情感态度的词语时，便可以判断是观点态度类题型。提问的方式通常是"……是什么态度／语气？"对于这类题型，考生应重点掌握经常出现的情感态度类词语，如：

赞成	肯定	表扬	称赞	夸奖	佩服	满意
羡慕	感激	安慰	鼓励	否定	怀疑	反对
讽刺	嘲笑	批评	责备	委屈	愤怒	遗憾
后悔	埋怨	吃惊	无奈	无所谓		

8. 重要的虚词和句法结构

五级听力除了考查各种日常生活的词汇，也把一些重要的虚词和句法结构作为考查重点。有时在对话中，决定考生能否听懂的往往是这些关键的虚词和结构。常考的句法结构主要有：

名称	典型结构
复合趋向补语	动词+复合趋向动词（上来/上去　下来/下去　过来/过去　出来/出去　进来/进去　回来/回去）
结果补语	动词+好/完/成/会
程度补语	形容词/心理动词+极/透/死+了　动词+得+形容词
可能补语	动词+得/不+了　来得及/来不及　动词+得/不+趋向动词
"把"字句	主语+把+宾语+动词+……
强调句式	最……不过了 没有比……更……的了 没有不……的 不会不……/不能不……/不得不…… 非……不可 连……也/都……

下面是两个例题：

例 9

A 没问题

B 已经放弃了

C 要早点儿去

D 不知道地址

（真题 H51001 第 2 题）

【录音文本】

男：你最近每天晚上还去参加那个训练吗？

女：我没坚持下来，早就不去了。

问：女的主要是什么意思？

【答案解析】

本题考查的是趋向补语"下来"的引申义。对话中的"下来"表示动作或状态的持续，"没坚持下来"表示没有继续坚持，综合全句可以知道女的已经放弃了。

例 10

A 刘洋缺少勇气　　　　　　　　B 资金比较紧张
C 女的很了解刘洋　　　　　　　D 他们在出版社工作

(真题 H51001 第 28 题)

【录音文本】

男：和出版社合作的事儿，交给谁去办比较好？

女：要我说的话，恐怕没有比刘洋更合适的了吧。

男：你确定？你觉得她合适？

女：是的，我确定。她来公司都快五年了，我了解她的能力。

问：根据对话，可以知道什么？

【答案解析】

　　本题考查的是强调句式"没有比……更……的了"，表示强烈的肯定语气，意思是刘洋最合适。综合女的的前后话语可以知道，她非常了解刘洋，从而得出正确答案 C。

9．口语结构、惯用语、关联词语

　　五级听力以功能应用为主，但会话中也时常包含一些口语结构、惯用语和关联词语，这些对于考生的理解也起着重要的作用。因此，对于口语中常用的口语结构、惯用语和关联词语，考生也有必要理解和掌握。如：

名称	典型结构	例句
口语结构	越……越……	几年不见，她越长越漂亮了。
	拿……来说	每个人的口味不同，拿我来说，我就不爱吃辣的。
	先……再说	想要管别人，先管好自己再说。
	不是……吗	不是说好了我们一起去吗？你怎么自己去了呢？
惯用语	可不是	A：长时间看电脑对眼睛不好。 B：可不是，这几天我的眼睛一直疼。
	别提了	A：昨天你们看的那场球赛怎么样？ B：别提了，看了半天，一个球也没进！
	怪不得/难怪	小李刚刚当了爸爸，怪不得 / 难怪他那么高兴呢！
	不见得	A：他学了那么长时间的英语，水平一定很高吧？ B：那也不见得，学外语也要看个人能力。
	那还用说	A：你和小王什么时候结婚，一定要告诉我啊！ B：那还用说，我第一个就告诉您！
	真拿你没办法	A：今天商店打折，我看上一条裙子，特别便宜！ B：你上星期不是买了一条吗？ A：这条比那条更便宜，不买会后悔的！ B：真拿你没办法，要买就买吧。

（续表）

名称	典型结构	例句
关联词语	又……又……	新来的小赵又聪明又能干，大家都喜欢她。
	先……然后……	他先做好了早饭，然后又把房间打扫了一遍。
	不但……而且……	这种花不但好看，而且还能泡茶，对身体很有好处。
	虽然……但是……	虽然这次失败了，但是我们下次还会努力，最后一定能成功。
	因为/由于……所以……	因为/由于天气原因，所以这个航班被取消了。
	宁可……也……	他宁可租车也不愿意买车，主要是因为怕麻烦。
	不是……就是……	最近他工作忙，不是在办公室，就是在工厂，已经几天没回家了。
	只要……就……	他喜欢看电影，平时只要有时间，就会去电影院。
	只有……才……	只有不断地努力，才能实现自己的理想。
	如果/要是……就……	我的电脑坏了，如果/要是你有时间，能帮我修一下吗？

10. 词义猜测

词义猜测题常常出现在阅读题中，但最近在听力考试中也时常出现。这类题目一般选取对话或短文中的一个词语，通常是成语、歇后语等，请考生根据上下文判断词语的意思。如：

例 11

A 人口众多　　　　　　　　　　B 风景优美

C 历史悠久　　　　　　　　　　D 地方好、人才多

（真题 H51005 第 42 题）

【录音文本】

江南是一个很漂亮的地方，是许多中国人的梦里水乡，它在地理上主要指长江中下游南岸地区。在很多中国人的心里，江南代表着富饶、繁荣、美好。这里景色优美，经济发达，文化教育事业繁荣。从古到今，都是理想的居住之地。"上有天堂，下有苏杭"里的苏州、杭州正是江南的代表城市。人们常常用"人杰地灵"来形容江南，说明这里地方好、人才多。

问："人杰地灵"主要是什么意思？

【答案解析】

本题考查的是成语"人杰地灵"的意思。短文最后一句点明了该词语的意思，结合上下文即可得出正确答案 D。即使文中没有直接说明意思，考生也没有听过这个成语，也要善于通过语素来猜测该词的意思。如"人"跟人才有关，"地"则跟地方有关，所以该词应该与地方和人才同时相关。

词义猜测类题目的考查重点在于对上下文的理解，此外，成语、俗语、歇后语的积累也很重要。要对成语的结构有一定了解，比如许多成语是并列式的，可以通过个别语素来推测整词的意思。由于听力材料只能听一遍，考生需在理解全文的基础上推测出所考词语的意思，如果对该词语一无所知，判断的难度就比较大。这类题目常出现在短文听力中，因此在听短文时，要对录音中出现的成语特别引起注意。

第二章

短对话

第一节　题型解析

短对话出现在考试的第一部分，一般是一男一女两人，每人说一句话，对话之后有一个问题。如：

例1

A 他忘了　　　　　　　　　　B 他太忙了

C 手机没电了　　　　　　　　D 飞机晚点了

（真题 H51001 第 5 题）

【录音文本】

女：你不是说七点之前给我电话吗？

男：对不起，飞机晚点了，降落时就已经七点半了。

问：男的为什么没有给女的打电话？

【答案解析】

本题考查的是事件的原因。女的的话是引子，答案需要从男的的答话中找。只要听清楚"飞机晚点了"，即可得出正确答案 D。

短对话考查的内容很灵活，话题主旨、谈话细节、语境、观点和态度、重点虚词和句法结构等题型都经常出现。短对话有三种情况：一是主要信息在前，问题主要针对第一个人的话；二是主要信息在后，问题主要针对第二个人的话；三是两个人说的话长度和难度差不多，需要把它们综合起来进行判断。第三种情况常用于考查语境知识或判断推理等。

第二节　答题攻略

1. 题型预测攻略——快速浏览

听力考试中，题目的预测十分重要，考生应尽量利用录音播放之前的时间对题目进行预测。预测题目的依据主要是试卷上的选项。短对话的时间较短，因此预测题目就更为重要，考生需要好好利用听力考试前一分钟左右的录音介绍时间进行题目预测。一般来说，由于短对话的选项长度比较短，考生可以利用这段时间快速浏览第1到5题的选项，通过选项预测听力考查的内容。如：

例 2

A 宴会结束　　　　　　　　　B 庆祝生日

C 商业谈判　　　　　　　　　D 机场送行

（真题 H51001 第 3 题）

【录音文本】

女：感谢您出席今天的宴会，希望今后我们能加强合作。

男：谢谢你们的招待，相信我们的合作会更愉快。

问：对话最可能发生在什么时候？

【答案解析】

本题为短对话，在听录音之前应快速浏览选项，推断出本题的考查重点是语境知识。通过"宴会""招待"等词语可以知道说话人在宴会上，而第二个人表示感谢说明宴会已结束，从而推断出正确答案是 A。

当看到选项出现四个表现情感态度的词语时，便可快速判断该题属于观点态度类题型。考生应注意听对话双方的语气和态度。如：

例3

A 安慰

B 责备

C 委屈

D 称赞

（真题 H51005 第 9 题）

【录音文本】

女：手机没电了，你的充电器在吗？借我用用。

男：你的呢？又找不到了？总是乱丢东西，你这个坏习惯什么时候才能改啊？

问：男的是什么语气？

【答案解析】

从选项来看，本题属于典型的考查观点和态度的题型。明确这一点之后，考生应该在听录音时注意判断说话人的态度。正确答案是 B。

2. 核心词汇攻略——画关键词

HSK 注重相关场景的词汇考查。在短对话中，考查谈话主旨和细节的题目选项一般较长，包含的信息较多，其中大部分都可以找到与答案相关的关键词。看到这样的题目，听录音时就要注意把关键词从答案中画出来。如：

例4

A 是位大夫

B 身体很好

C 睡眠不好

D 不相信中医

（真题 H51001 第 20 题）

【录音文本】

男：你的失眠好些了吗？

女：还是睡不好，今天打算去看看中医，买些中药试试。

问：关于女的，可以知道什么？

【答案解析】

快速浏览四个选项之后，根据录音中的"失眠""睡不好"，在选项C中画出"睡眠不好"；根据录音中的"看看中医"，在选项D中画出"相信中医"。综合整个对话，可知正确答案是C。

五级听力中有一些经常出现的场景，关于这些场景的核心词汇，考生应当熟记在心，听录音时才能得心应手。现将十大常用场景及其核心词汇列表如下：

场景名称	核心词汇								
IT技术及通信	电脑 光盘 键盘 鼠标 程序 软件 系统 病毒 上网 网站 电子邮件 注册 删除 下载 复制 数据 输入 密码 手机 短信 电池 占线 信号 充电器								
商务	部门 单位 行业 职业 代表 老板 秘书 同事 项目 产品 计划 日程 方案 文件 竞争 负责 管理 接待 出差 配合 合同 合作 谈判 委托 销售 传真 打印 复印 名片 待遇 工资 加班 奖金 收入 招聘 人才 人事 简历 经验 批准 通过 推荐 请假 辞职 手续 效率 经济 贸易 出口 进口 企业 生产 经营 产品 商品 利润 市场 消费 数量								
交通	火车 车厢 票 乘坐 时刻 晚点 飞机 航班 机场 登机牌 出发 到达 耽误 取消 起飞 降落 往返 出租车 公共汽车 地铁 堵车 拥挤 司机 驾驶 速度 交通警察 罚款 高速公路 加油站 汽油 运输 救护车 卡车 摩托车 行人 自行车								

（续表）

场景名称	核心词汇
学校	班主任　校长　教授　教育　课程　教材　单元　讲座　教室　年级　预习　复习　测验　试卷　成绩　辅导　指导　暑假　寒假　实习　毕业　纪律　检查　培养　批评　刻苦　勤奋　理想　重点　专业　前途　硕士　博士　论文　作业　成果
新闻出版	新闻　报纸　杂志　报道　记者　辩论　争论　观点　编辑　标点　材料　采访　翻译　出版　发表　文章　题目　作者　作品　目录　内容　资料　角度　结构　描写　电台　广播　频道　传播
银行金融	人民币　银行卡　信用卡　账户　支票　资金　贷款　投资　股票　黄金　利息　汇率　风险　降低　增加　增长
购物	顾客　售货员　柜台　名牌　价格　打折　优惠　现金　付款　发票　收据　刷卡　会员卡　保修　退货　换货
邮政快递	寄　信封　邮票　包裹　邮局　快递　特快专递　地址　送货上门
医疗健康	医生　护士　内科　外科　鼻子　脖子　肚子　胳膊　嗓子　肩膀　胃疼　着凉　打喷嚏　发烧　感冒　咳嗽　过敏　疲劳　失眠　传染　消化　预防　诊断　打针　手术　恢复　门诊　住院
娱乐体育	比赛　决赛　胜利　失败　输赢　纪录　教练　冠军　球迷　气氛　表演　展览　参观　观众　演员　节目　主持　嘉宾　精彩　鼓掌　电影　动画片　文学　戏剧　导演　字幕　情景　人物

3. 态度题攻略——做记号

　　短对话中考查观点态度的题目比较多，对于这类题目，最重要的是判断说话人的态度是正面的还是负面的（肯定的还是否定的）。考生通过快速浏览选项判断该题目属于观点态度类题目之后，在听录音时就可以采用做记号攻略。如：

例5

A 赞成　　　　　　　　　　　　B 反对

C 无所谓　　　　　　　　　　　D 再考虑考虑

（真题 H51002 第 16 题）

【录音文本】

男：我想拿几万块钱投资股市，你知道哪只股票好吗？

女：我不建议你买股票，股市风险很大。

问：女的是什么态度？

【答案解析】

　　通过浏览选项可知本题属于观点态度类题目。听录音时要注意听说话人的态度。可以用三种简单的记号来表示态度：✓表示正面态度；× 表示负面态度；○表示无所谓或不知道。

　　通过"不建议""风险很大"等表达，可知女的对买股票的态度是负面的，因此应在选项旁标注 × 记号。检查四个选项，表示负面态度的只有B，因此本题正确答案是B。

例6

A 太高　　　　　　　　　　　　B 比较合适

C 还没确定　　　　　　　　　　D 还可以再低些

（真题 H51003 第 3 题）

【录音文本】

女：你们和希望广告公司谈得怎么样了？

男：他们的价格可以接受，今天应该就能签合同。

问：男的觉得价格怎么样？

【答案解析】

　　通过浏览选项可以发现，本题的选项虽然不是态度类词语，但内容仍然是有关某事的看法，因此也属于观点态度类题目。

　　用同样的方法，当听到男的说"可以接受，今天应该就能签合同"时，可知男的的态度是正面的，因此应在选项旁标注✓记号。检查四个选项，表示正面意思的只有 B，因此本题正确答案是 B。

4. 数字题攻略——画数字、记数字、做记号

　　数字题是细节考查的一项重要内容，也是五级听力必考的内容。数字题一般包括日期、时间、数量、百分数等。数字题通常有一定的迷惑性，答案往往不会直接在录音中说出来，需要进行简单的计算或推断才能得出，短对话中的数字题尤其如此。由于录音播放得很快，考生无法记得十分准确，因此靠笔头记录数字是非常必要的。如果通过快速浏览选项，考生发现该题考查的是日期、时间等数字，那么听录音时可以采取"画数字、记数字、做记号"的综合法。如：

例 7

A 三月初　　　　　　　　　　　B 三月十五号

C 四月中旬　　　　　　　　　　D 四月底

（真题 H51001 第 7 题）

【录音文本】

女：今天已经三月十五号了，那个调研报告什么时候可以完成？

男：下个月中旬应该可以。

问：男的打算什么时候完成报告？

【答案解析】

　　从选项可以判断本题是数字题，考查日期。听到女的说"今天已经三月十五号了"的时候，可以在选项中画出"三月十五号"，当下面继续听到"下个月中旬"时，在月份旁边做"+1"的记号。录音听完后，综合两者可以得出本题的正确答案是 C。

　　同样的办法，如果录音中出现"前""早""上""减""少"等说法，可以用"－"号表示；如果出现"后""晚""下""增""加""多"等说法，就用"+"号表示，既简单又容易计算。

例8

A 一星期　　　　　　　　　　　　B 半个月

C 一个月　　　　　　　　　　　　D 两个月

（真题 H51004 第 19 题）

【录音文本】

女：你暑假里有什么计划吗？

男：我打算和朋友去西安看看名胜古迹。七月中旬出发，月底回来。

问：男的打算去西安多久？

【答案解析】

　　从选项可以判断本题是考查时间的数字题。听录音时，录音中没有相应的关键词，当听到男的说"七月中旬出发"时，应快速记录"7-15"，听到"月底回来"时，快速在"7-15"旁边做"+15"或"7-30"的记号。录音听完后，综合前面两者可以知道，本题的正确答案是 B。

5. 排除法

对于细节类的题目，有时可以采用排除法。这种方法特别适合于考查事件和原因的题目。当我们看到四个选项分别是四个不同的事件或者原因时，就可以采用这种方法。根据录音内容，把不符合的选项逐个排除掉，最后剩下的就是正确答案。如：

例9

A 迟到了   B 退休了

C 换工作了   D 当演员了

（真题 H51001 第 15 题）

【录音文本】

女：你们公司的小王呢？我来好几次了都没见到他。

男：他早就辞职了，听说现在在银行上班。

问：关于小王，可以知道什么？

【答案解析】

看到选项后可以判断本题是细节题。听录音时，要根据录音的进程及时排除不对的选项。当听到"辞职"时，可以将 A 和 B 在试卷上画掉；再听到后一句"在银行上班"时，可以排除掉 D，最后剩下的 C 就是本题的正确答案。

当选项中找不到录音里的关键词时，排除法是最有效的办法，考生应该及时改变策略，灵活应对。

例10

A 房东   B 公司秘书

C 接受采访的人   D 要买房子的人

（真题 H51002 第 12 题）

【录音文本】

男：我觉得今天看的那个房子条件还可以，你说呢？

女：还行吧。那明天你再联系一下他，咱们租下来吧。

问：他们打算联系谁？

【答案解析】

　　从选项来看，题目考查的是四种不同身份的人。听录音时可以发现对话讨论的是房子，因此可以排除 B 项和 C 项，最后听到"咱们租下来吧"，可以排除 D 项。所以本题的正确答案是 A。

　　除了细节题之外，观点态度类题目也经常使用排除法。一般来说，从语气、语调和表达方式上，我们能大概判断出说话人的态度是正面的还是负面的。如果是正面态度，就可以从选项中直接排除负面意思的选项，反之亦然。特别是当四个选项中只有一个态度和其他三个相反时，甚至可以直接排除其他三个选项。如：

例 11

A 讽刺　　　　　　　　　　B 鼓励

C 怀疑　　　　　　　　　　D 反对

（真题 H51004 第 14 题）

【录音文本】

男：总裁，这个项目对我而言挑战性太大，我有点儿想放弃了。

女：遇到困难不应该逃避，应该积极地面对。你先尽力去做吧。

问：女的是什么态度？

【答案解析】

　　从选项本身来看，四个选项中 A、C、D 都是负面的，只有 B 选项是正面的。这种情况下，B 选项往往最有可能是正确答案。根据录音的意思，可以得出正确答案是 B。

第三节 专项练习

第 1−20 题：请选出正确答案。

1. A 感冒好了
   B 看过医生
   C 还在发烧
   D 没有吃药

2. A 小李很奇怪
   B 怪小李没告诉她
   C 小李每天都很高兴
   D 她不知道小李结婚

3. A 还在修改
   B 已经出版
   C 明天能印刷
   D 没时间修改

4. A 批评
   B 宽容
   C 怀疑
   D 失望

5. A 手机坏了

   B 没听见电话

   C 发了一个短信

   D 刚才在地铁上

6. A 银行

   B 邮局

   C 汽车站

   D 超市

7. A 不想看文件

   B 没收到文件

   C 昨天生病了

   D 电脑出问题了

8. A 房屋中介

   B 房屋销售

   C 房屋设计师

   D 房东

【录音文本】

5.女：我刚才给你打手机，怎么老打不通？

　男：刚才坐地铁的时候没有信号，下次你发个短信试试。

　问：关于男的，可以知道什么？

6.女：您要寄海运的还是航空的？航空大概一个星期能到，海运需要一个月。

　男：还是寄航空的吧。

　问：对话最可能发生在哪儿？

7.男：昨天我给你发的文件你看了吗？

　女：别提了，我的电脑中病毒了，所有的文件都没了。

　问：关于女的，可以知道什么？

8.女：这间房子的面积、结构和装修设计我们都挺满意的，就这么定了吧。

　男：好的，要是您没有意见，明天就可以来公司签租房合同了。

　问：男的最可能是做什么的？

【答案解析】

5　D 细节题。男的电话打不通是因为"刚才坐地铁的时候没有信号"，可知他刚才在地铁上。

6　B 语境知识题。由关键词"寄""海运""航空"可知对话发生在邮局。

7　D 细节题。女的说"我的电脑中病毒了"，可知她的电脑出了问题。这里的"病毒"是指电脑病毒，和生病没有关系。

8　A 语境知识题。男的提到"租房合同"，可以判断对话中的两人是在讨论租房的问题，所以排除选项B和C。对话提到"来公司"签合同，可知男的是做租房业务的房屋中介。

沿虚线折一下

9. A 他很善于沟通
   B 他愿意去谈判
   C 他能代表公司
   D 他是项目经理

10. A 再点两瓶啤酒
    B 不要再点啤酒了
    C 去检查身体
    D 少点几瓶啤酒

11. A 一定赢
    B 也许赢
    C 可能输
    D 一定输

12. A 动作片
    B 喜剧片
    C 爱情片
    D 歌舞片

【录音文本】

9. 男：这个项目非常重要，应该由谁代表公司去谈判？
   女：王经理沟通能力强，经验丰富，是最合适的人选。
   问：为什么女的认为王经理最合适？

10. 男：服务员，再来两瓶啤酒！
    女：不行不行，我喝不下去了。你也少喝点儿，要不身体会受不了的。
    问：女的认为男的应该怎么做？

11. 男：对方队员个个身材高大，明天的比赛，我们恐怕……
    女：别太悲观了，咱们的技术更好啊。
    问：关于明天的比赛，女的是什么意思？

12. 女：你看徐克导演的新片了没有？
    男：看了。跟他以前的电影一样充满了打打杀杀。但里面有个好笑的演员，所以没有太紧张的气氛。
    问：这位导演常拍的是什么电影？

【答案解析】

9 A 细节题。女的说"王经理沟通能力强"与选项A的意思相同。

10 B 观点态度题。男的还要点啤酒。女的首先表示自己不能喝了，又劝男的"少喝点儿"，意思是让他不要再继续点啤酒了。

11 B 观点态度题。女的说"别太悲观了，咱们的技术更好啊"，意思是咱们还是有获胜的希望的。虽然"也许赢"和"可能输"都是一样的意思，但前者是肯定的、积极的，偏向"赢"，后者则是否定的、消极的，偏向"输"。

12 A 细节题。原文提到这部电影"跟他以前的电影一样充满了打打杀杀"，所以这位导演以前的电影"打"和"杀"的场景比较多，可以判断他常拍的是动作片。

13. A 电脑系统
    B 打印机
    C 说明书
    D 安装方法

14. A 飞机还没到
    B 北京有大雾
    C 北京机场关闭
    D 没有人通知

15. A 客人正在吃饭
    B 客人还没结账
    C 现在没有客人
    D 别的客人要坐

16. A 运动
    B 照相
    C 画画儿
    D 看病

【录音文本】

13. 男：我按照说明书上的步骤安装打印机，可电脑总是死机。
    女：可能是你电脑系统的问题，你得重装系统。
    问：女的觉得是什么出了问题？

14. 男：已经等了两个小时了，到底什么时候起飞？
    女：对不起，北京的大雪还在持续，那边机场什么时候能开放，我们得等进一步的通知。
    问：飞机起飞为什么推迟？

15. 男：那张桌子的客人已经结账走了，怎么还不让我们过去坐？
    女：对不起，先生，那张桌子已经有人预订了。
    问：为什么那张桌子不能坐？

16. 男：你再坐直一些，头稍微往右转一点儿。
    女：我脖子都疼了，你快拍吧。
    问：他们可能在做什么？

【答案解析】

13 A 细节题。女的说"可能是你电脑系统的问题"。

14 C 细节题。女的说"机场什么时候能开放，我们得等进一步的通知"，可以知道机场已经关闭了。所以飞机推迟起飞的原因是北京机场关闭。

15 D 细节题。女的说桌子"有人预订了"。

16 B 语境知识题。根据男的所说，可知他在指导女的的坐姿。由关键词"拍"可以进一步判断场景是"照相"。

沿虚线折一下

17. A 事业有成

　　B 年龄比较小

　　C 经常出差

　　D 在飞机上工作

18. A 批评她

　　B 讽刺她

　　C 嘱咐她

　　D 安慰她

19. A 你应该再考虑考虑

　　B 你不会有别的机会

　　C 你应该马上辞职

　　D 你应该去森林里走走

20. A 睡觉很重要

　　B 人必须喝水

　　C 男的睡不好

　　D 男的脾气不好

【录音文本】

17. 女：看人家小孙，刚30多岁就当了总经理，还干出这么多成绩。

　　男：可不是。不过他每周都飞来飞去的，也够辛苦的。

　　问：关于小孙，下列哪项不对？

18. 女：当时我怎么就没多检查一遍呢？都怪我，给大家带来这么大的麻烦。

　　男：你就别责备自己了。再细心的人也难免会出错。

　　问：男的在做什么？

19. 男：我就先在这儿工作吧。虽然根本不是我的专业，可找工作也太难了。

　　女：你别急着做决定。为一棵树放弃一片森林，可能会后悔的。

　　问：女的是什么意思？

20. 男：我要是晚上睡不好，白天就记忆力下降，也爱发脾气。

　　女：据说，人要是不喝水可以活七天；要是不睡觉，只能活五天。

　　问：他们在谈论什么？

【答案解析】

17　D　细节题。男的说小孙"每周都飞来飞去"的意思是"他每周都坐飞机出差"。

18　D　观点态度题。男的劝女的"别责备自己"，是一种常见的安慰别人的说法。

19　A　观点态度题。女的说"别急着做决定"，意思是"先考虑考虑再决定"。"为一棵树放弃一片森林"比喻为了眼前的一件事或一个人而放弃了其他更多的机会。

20　A　主旨大意题。男的在说如果自己晚上睡不好对白天有什么影响。女的说的意思是睡觉比喝水更重要。可知他们在谈论"睡觉很重要"。

第三章
长对话

第一节　题型解析

长对话出现在五级听力考试的第二部分，一般分为两种形式。

第一种是一男一女两个人对话，一般包括两个回合，每人说两到三句话。对话之后一般只有一个问题。如：

例1

A 男的是房东　　　　　　　　B 他们两个是同事

C 女的没带工作证　　　　　　D 女的是前台服务员

（真题 H51004 第 24 题）

【录音文本】

男：您找谁？请先在前台登记一下。

女：我不找人，我就在四楼上班。

男：对不起，请出示一下您的工作证。

女：我忘带了，我给我的同事打个电话吧。

问：根据对话，可以知道什么？

【答案解析】

本题中男的和女的有两个回合的对话。对话主题是确认女的的身份，工作证是身份确认的关键物品。选项 A、B、D 都涉及男的和女的的身份与关系，只有听懂了对话的内容，才能排除这几个干扰选项，判断出正确答案是 C。

第二种长对话，我们称之为"特长对话"，同样是一男一女两人对话，但对话的长度相当于一篇小短文，之后跟随两到三个问题。

长对话的考查重点和短对话相似，但由于对话较长，其中的干扰信息大大增加，需要考生进行筛选和鉴别，但只要掌握了方法，一般都能从对话中找出与正确答案有关的词句。

第二节　答题攻略

1. 抓对话主旨攻略

五级听力长对话的信息较多，但对话之后只问一个问题，所以大部分情况下，考试只要求考生听懂对话的主旨就可以了，考试的问题也大多是围绕对话的主旨设计的，其他信息都属于冗余信息。结合选项预测问题，抓住对话主旨找答案是长对话最重要的攻略，盲目地做笔记，记下来的可能只是干扰信息，与正确答案无关。

长对话题目预测要注意两点：一要迅速浏览选项，二要抓住对话的主旨。根据以往的考题，长对话的主旨往往集中在男女二人开头的两句之中，也就是说，开头的两句听清楚了，基本就掌握了问题的答案；之后的对话往往是对前面内容的补充和注解，包含了一些细节，这些细节大多是干扰信息，很多考生把注意力过分集中在后半部分，待对话结束听到问题的时候，才发现问题是关于前半部分的，以致追悔莫及。

因此，长对话开始时，应该先迅速浏览选项，认真听对话的开头，并与选项相对照，确定问题核心是否存在于对话开头，如果没有找到相关内容，再改变策略，在后面的细节中寻找答案。如：

例2

A 贷款　　　　　　　　　　　B 手机上网

C 开通网上银行   D 开通股票账户

（真题 H51003 第 29 题）

【录音文本】

女：您好，请问您要办理什么业务？

男：我有一张金卡，我想开通网上银行，手续复杂吗？

女：不复杂，大概十几分钟就能办完。请您先填一下这张表格。

男：谢谢，开通网上银行需要另付费用吗？

女：不用，是免费的。

问：男的要办理什么业务？

【答案解析】

　　首先快速浏览本题选项，然后注意听对话开头部分。当男的说"我想开通网上银行"时，在相应选项处做标记，抓住该对话的主题。听到结尾处，没有其他新信息，可以确定 C 为正确答案。

例3

A 三千字   B 四千字
C 五千字   D 六千字

（真题 H51004 第 23 题）

【录音文本】

女：你的那篇论文怎么样了？编辑怎么说的？

男：他建议我把文章缩短到四千字，题目也要换一个。

女：看来问题不是很大，大概什么时候发表？定下来了吗？

男：可能下个月，在第五期上。

问：编辑建议将论文改为多少字？

【答案解析】

　　首先快速浏览本题选项，可知问题考查的是数字。然后注意听对话开头部分，男的提到"缩短到四千字"时，在相关选项上做标记。继续听到结尾处，没有发现其他新信息，可以确定 B 为正确答案。

　　抓对话主旨，还需要对话题焦点进行精准的判断。在长对话中，除了对话双方，还经常会提到别的人或物，要注意这些人或物是否属于话题的焦点。如果是，问题一定会跟这些人或物有关，要特别关注与其相关的信息；如果不是，则这些人或物只是干扰信息，问题还主要是围绕对话双方展开。要判断某个人或物是否是话题焦点，主要是看其是否出现在对话的开头。如果对话一开始就谈论某人或某物，就这些人或物提出问题，则通常就是话题焦点；如果开头没有提到，只在对话中间出现，则一般就不是焦点，问题也不会与其有关。如：

例 4

A 待遇比较低　　　　　　　　　B 最近刚辞职
C 新开了一家公司　　　　　　　D 需要计算机方面的人才

（真题 H51002 第 29 题）

【录音文本】

女：你身边有计算机方面的人才吗？

男：怎么了？你们公司的小刘不是很厉害吗？

女：他上个星期辞职了，可能是自己也开公司了。

男：我帮你问问，我有一个朋友是计算机系毕业的，正在找工作。

问：关于女的，下列哪项正确？

【答案解析】

　　当听到本题开头时，可以确定话题焦点是找人才。对话中提到了"小刘""一个朋友"等，选项中也出现了一些干扰信息，如B、C两项都是关于小刘的信息。但无论小刘还是男的的朋友，都不是对话的焦点，因此最后的问题也不是关于他们的，而是关于女的谈话的目的。因此可以确定 D 为正确答案。

例5

　　A 摄影展　　　　　　　　　　　B 照相机
　　C 录音笔　　　　　　　　　　　D 麦克风

（真题 H51004 第 26 题）

【录音文本】

　　男：你的相机看起来挺不错的，新买的？
　　女：是，我喜欢摄影，买个好相机，照出来的效果就是不一样。
　　男：那是，一分价钱一分货。
　　女：我看你的也该换换了，推荐你也买这个牌子的吧。
　　问：他们在谈论什么？

【答案解析】

　　听这段对话时可以发现，从一开始，男的就在谈论"相机"，女的也继续这一话题，话题焦点很明显是"相机"。最后的问题也是关于这一焦点的。因此可以确定 B 为正确答案。

2. 词义猜测攻略

　　词义猜测属于近年来听力考试中的新题型，大多出现在长对话和短文中，这类题型的特点我们在"考试重点和难点"中已经有所分析（参见第33页）。词义猜测的解题要点是充分联系上下文，而不能仅凭字面意思去猜。考试选取的词语一般有两种：一是用字生僻，无法通过字义推断词义；二是用字虽然不难，但在上下文中的意思常常是引申义、比喻义等，与字面意思不同，这也正是考试的难点所在。如：

例6

A 文字小   B 看不懂

C 意义重大   D 以前做过

（2015年大纲样卷第39题）

【录音文本】

    钱钟书是中国非常著名的作家。高中毕业那年，他报考了清华大学。入学考试时，他的语文和外语都答得不错。但数学考试却让他觉得像天书一样，他只好随便做了几道就交卷了。

    成绩出来了，钱钟书的数学只考了十五分。按照学校的规定，只要有一门课不及格，就不能被录取。他的数学那么差，本来是一点儿希望都没有。但当时的校长罗家伦看到钱钟书的语文和外语成绩都是满分，就决定打破常规，破格录取了他。

    正是罗家伦的这次破例，成就了钱钟书这位学贯中西的学者。

    39．这段话用"像天书一样"想说明什么？

【答案解析】

    本题是典型的词义猜测题。"天书"是一个生僻词语，大部分考生不具备这方面的背景知识，只靠字面意思很难猜出短语"像天书一样"的意思，因此只能根据上下文进行推测。从下文的意思来看，钱钟书的数学考得特别差，说明他没看懂，只随便做了几道题。四个选项中最符合这个意思的是选项B，因此正确答案是B。

3. 特长对话攻略

　　特长对话的长度一般与一篇短文相当，对话之后有两到三个问题，因此，特长对话的解题攻略与短文题类似。首先，考生在录音开头会听到"第……到……题是根据下面一段对话"，这时就可以判断即将听到的是一段特长对话，考生应迅速画出选项的题号，并浏览选项，预测题目。特长对话之后的问题一般有一定的排列规律，往往是根据对话进行的顺序规则地排列，考生可以一边听一边按顺序完成问题。问题的形式一般是"总—分"或"总—分—总"居多。"总"指的是话题主旨类问题，如"他们在谈论什么？""……要做什么？"，或者是语境知识类问题，如"说话人是什么关系？""这段对话最可能发生在哪儿？"；"分"指的是细节类问题，主要针对对话中的细节。具体题型的攻略可以参考前文。由于这类题型的对话较长，考生除了注意根据选项预测题型之外，还要做好记录的准备，这样才能应对多个问题。如：

例 7

33. A 夫妻　　　　　　　　　B 同事
　　C 经理和职工　　　　　　D 老师和学生
34. A 看病　　　　　　　　　B 送文件
　　C 去郊区玩　　　　　　　D 去国外出差
35. A 车上　　　　　　　　　B 餐厅
　　C 汽车站　　　　　　　　D 办公室

（真题 H51001 第 33 到 35 题）

【录音文本】

第 33 到 35 题是根据下面一段对话：

女：小王，怎么最近在车站看不到你了？

男：我买汽车了，现在每天开车上班，所以不用挤公共汽车了。

女：你买车了？太好了。开车上班的感觉不错吧？

男：刚开始的时候挺紧张的，开得很慢，车一多就害怕，现在好多了。

女：慢慢就习惯了。那下周末咱公司去郊区玩儿，你就可以自己开车去了。

男：我还没有开车去过郊区呢，那条路也不熟，我还是想坐公司的车去。

女：是，还是坐车轻松。你忙吧，张经理还在等着看这份文件呢，我现在给他送过去。

男：那好，咱们有时间再聊。

33．说话人是什么关系？

34．男的下周末要做什么？

35．这段对话最可能发生在什么地方？

【答案解析】

听到录音第一句时，可以知道这是一段特长对话，这时应迅速画出第33到35题，同时浏览选项。从选项可以发现，第33和35题很可能都是语境类题目，第34题是关于细节的题目，三个问题属于"总—分—总"的组合。因此，听对话时要特别留意说话人的关系和说话的地点。从"开车上班""咱公司""张经理"等关键词可以判断说话人之间是同事关系，正确答案是B。他们是同事关系，加上女的说"你忙吧""我现在给他送过去"，可以推知这段对话最可能发生在办公室，所以第35题选D。对于第34题，可以在听对话时用画关键词或做记号的办法应对。对话没有提到A项和D项，可以直接排除，最后结合全文，得出正确答案C。

第三节　专项练习

第 1-20 题：请选出正确答案。

1. A　机场
   B　火车站
   C　地铁站
   D　公共汽车站

2. A　参观博物馆
   B　电话订票
   C　查电话号码
   D　查博物馆的地址

【录音文本】

1. 男：糟糕，我的登机牌怎么找不到了？
   女：您别着急，再好好找找，是不是放在别的口袋里了？
   男：我想起来了，好像是忘在安检的地方了。
   女：那您再回去问一下工作人员，时间还来得及。
   问：对话是在哪儿进行的？

2. 女：您好，114电话导航为您服务，请问您查哪儿？
   男：请帮我查一下首都博物馆的电话。
   女：好的，请您记录一下，63393339。请问您还有别的需要吗？
   男：没有了，谢谢。
   女：感谢您使用电话导航，请对我的服务做出评价。
   问：男的在做什么？

【答案解析】

1　A　语境题。由对话开头的关键词"登机牌"可知对话发生在机场。

2　C　细节题。通过浏览选项可以提取关键词"博物馆""电话""地址"，在听录音时，要重点加以关注。在录音中，男的第一句就说"查一下首都博物馆的电话"，而女的在回答的时候也说了一串数字，显然是电话号码，因此正确答案为C。

沿虚线折一下

3. A 开车

   B 坐火车

   C 坐飞机

   D 坐长途汽车

4. A 怀疑

   B 赞扬

   C 佩服

   D 愤怒

5. A 打八折

   B 送 50 元化妆品

   C 八折以后再便宜 50 元

   D 八折以后送化妆品卡

【录音文本】

3. 女：明天出差，车票买好了吗？

   男：不用买了，我们打算开车去。

   女：天气预报说明天有雾，高速公路可能走不了，你们还是坐火车吧。

   男：啊？真的？多亏你告诉我，我赶紧去看看还有没有火车票！

   问：男的最可能怎么去？

4. 女：我们单位新来的小李，可是名牌大学毕业的！

   男：工作的时候，关键还要看个人能力。

   女：人家是博士，你是硕士，难道会比你差吗？

   男：那也不见得，博士就一定比硕士能力强吗？

   问：男的是什么态度？

5. 女：这双鞋打折吗？

   男：这双鞋现在打八折，折后是688元。

   女：听说今天商场有优惠活动？

   男：对，今天只要您在商场消费，就可以送您一张50元的化妆品卡。

   问：女的买鞋有什么优惠？

【答案解析】

3 B 细节题。男的本来打算开车去。女的告诉他天气不好，不适合开车。男的说"去看看还有没有火车票"，所以最可能坐火车去。

4 A 观点态度题。"不见得"意为"不一定"。男的认为博士不一定比硕士强，在对话最后使用了反问句，表示负面态度，所以对小李的能力是怀疑的。选项B和C意思一致，在浏览选项的时候可以直接排除。

5 D 数字题。根据男的所说"这双鞋现在打八折"，可排除选项B。根据对话后半部分，最后确定D为正确答案。

6. A 羡慕男的
   B 愿意合作
   C 感谢男的
   D 不相信男的

7. A 上网很方便
   B 网上下载很清楚
   C 电影院效果不好
   D 电影票太贵

8. A 酒店的价格
   B 会议的安排
   C 旅游的安排
   D 交通的路线

【录音文本】

6. 女: 张总, 祝贺你们公司今年取得了这么好的成绩!
   男: 哪里哪里, 我们的成绩离不开您的帮助, 希望我们今后能继续合作。
   女: 当然, 这也是我们的愿望。来, 祝你们公司将来更上一层楼!
   男: 谢谢, 干杯!
   问: 女的是什么意思?

7. 男: 这个星期有新电影, 要不要一起去看?
   女: 不用了, 我过几天可以从网上下载。
   男: 网上看得不清楚, 电影院的效果多好。
   女: 电影票那么贵, 何必浪费钱呢?
   问: 女的为什么不去电影院?

8. 男: 我可以向您保证, 我们的香港游价格肯定是最便宜的。
   女: 价钱是便宜, 不过参观的景点不太多, 而且住宿的酒店也不太理想。
   男: 如果您对住宿不满意, 我们可以给您换一家酒店。
   女: 我觉得最好住在市中心附近。
   问: 他们在谈论什么?

【答案解析】

6 B 观点态度题。男的说"希望我们今后能继续合作", 女的回应"这也是我们的愿望", 表示愿意合作。

7 D 因果关系题。"何必……呢"是一个反问结构, 意思是没有必要这样做。根据女的所说"电影票那么贵, 何必浪费钱呢?", 可知女的认为电影票太贵了, 去电影院看电影是浪费钱。

8 C 语境题。根据关键词"香港游""价格""景点""住宿""酒店"等, 可知他们在谈论旅游的安排。

沿虚线折一下

9. A 老板和职员

   B 丈夫和妻子

   C 男女朋友

   D 父亲和女儿

10. A 孩子不喜欢上网

    B 女的常常批评孩子

    C 孩子喜欢学习

    D 孩子每天上网两小时

11. A 杂志太无聊

    B 编辑工作太累

    C 喜欢和人交流

    D 没派她去杂志社

【录音文本】

9. 男：你刚才在给男朋友打电话？

   女：真不好意思，刚才我有点儿急事。

   男：工作时间不能打私人电话，这是公司的规定，我想你不会不知道吧。

   女：我记住了，下次一定注意。

   问：说话人是什么关系？

10. 女：孩子一天到晚总是上网，你说该怎么办？

    男：也许他是上网学习呢，你不要老是批评他。

    女：什么学习？我每次都看见他在玩游戏。

    男：那你就给他规定，每天只能上网两个小时。

    问：根据对话，下列哪项正确？

11. 男：哎，你怎么会在这儿？

    女：我在这儿上班呢！

    男：是吗？我怎么听说你去杂志社了呀？

    女：是想把我派到杂志社的，可我觉得编辑的工作有点儿无聊，我还是愿意多和人交流，所以就到这儿来了。

    问：女的为什么不去杂志社工作？

【答案解析】

9 A 语境题。男的告诫女的上班时间不能打私人电话。男的说"我想你不会不知道吧"，语气较严厉。女的说"我记住了，下次一定注意"，也是下级对上级做出的保证。

10 B 细节题。通过浏览选项，可以判断这是一道细节题，涉及的信息较多，可以采用排除法。通过"孩子一天到晚总是上网"可以排除选项A。男的建议妻子规定孩子"每天只能上网两个小时"，说明现在还没有这个规定，可以排除选项D。在选项B和C中，男的说"你不要老是批评他"，说明女的常常批评孩子，因此可以判断正确答案为B。

11 C 因果关系题。根据女的所说"我还是愿意多和人交流"，可以判断正确答案为C。

12. A 刚装修完

   B 设备不全

   C 房租太贵

   D 地点不好

13. A 漂亮的女孩

   B 不漂亮的女孩

   C 挣了钱都花掉的人

   D 挣钱不够多的人

14. A 男的是上网预订的

   B 男的是24号预订的

   C 男的没带证件

   D 他们现在在饭馆儿

【录音文本】

12. 男：你说这房子是装修过的，是吗？

   女：是呀，装修之后还没人住过呢！家具都是新的，而且水电、天然气、电话什么的都很齐全。

   男：这儿的租金也不算高，为什么一直没租出去呢？

   女：就是因为周围交通不太方便，不过你有车就没问题了。

   问：房子为什么一直没租出去？

13. 女：小张的女朋友特别漂亮，可惜是个"月光族"。

   男：什么叫"月光族"？

   女：就是挣多少钱就花多少钱，有时候她一个月的工资还不够自己花呢。

   男：要是漂亮女孩都这样，我宁可找一个不漂亮的。

   问："月光族"是什么意思？

14. 男：您好，我从网上预订了一个房间。

   女：请给我看一下您的证件。

   （查看证件）

   女：张先生，您订了一个标准间，24号晚上入住，对吗？

   男：对。

   女：请稍等，我马上帮您办手续。

   问：根据对话，下列哪项正确？

【答案解析】

12 D 因果关系题。根据对话，可知房子刚装修完，设备齐全，租金也不贵。女的提到"周围交通不太方便"，可知房子的地点不好。

13 C 词义猜测题。"月光族"指每个月工资都花光的人，在对话里就是"挣多少钱就花多少钱"的人。

14 A 细节题。男的说"我从网上预订了一个房间"，可以判断A项为正确答案。

沿虚线折一下

15. A 合适的人不好找

    B 女的条件太高

    C 他可以试一试

    D 合适的人很多

16. A 一起办晚会

    B 一起去吃饭

    C 一起去外面

    D 一起研究做饭

17. A 只能去海边

    B 必须吃海鲜

    C 上网查信息

    D 去旅行社问

【录音文本】

15.女：最近我们业务特别多，公司的人手不够，你有没有合适的人给我们推荐几个？

　　男：好啊，你们有什么条件？

　　女：最好是大学毕业，计算机专业，外语好的。

　　男：没问题，这样的人有的是。

　　问：男的是什么意思？

16.男：真没想到，你做的菜这么好吃！

　　女：做得不好，牛肉炒得有点儿老，麻婆豆腐也不够辣。

　　男：已经很好了。有空儿得跟你学学手艺，以后我和爱人也不用总到外面吃了。

　　女：好啊，我随时欢迎！

　　问：他们在谈论什么？

17.男：亲爱的，今年的假期咱们去哪儿玩儿？

　　女：我想去海边，晒晒太阳，吃吃海鲜，多舒服呀。

　　男：去年咱们不是去过泰国了吗？也不能老是去同样的地方啊。

　　女：你说得也对，要不咱们上网查查有什么好的旅游团？

　　问：女的有什么建议？

【答案解析】

15　D　观点态度题。"有的是"的意思是"有很多"，因此男的的意思是"合适的人很多"。

16　D　主旨大意题。男的觉得女的做饭好吃，说"有空儿得跟你学学手艺"。"手艺"是"技术"的意思。因此，他们是在"一起研究做饭"。

17　C　细节题。"要不……"表示建议。女的说"要不咱们上网查查"，与选项C"上网查信息"的意思相同。

18. A 手机的价格太贵

 B 手机的样子不好看

 C 人们喜欢传统的手机

 D 人们喜欢新型的手机

19. A 朋友

 B 母子

 C 夫妻

 D 兄妹

20. A 换电池

 B 充电

 C 买电池

 D 换相机

【录音文本】

18. 男：今年公司产品的销售情况怎么样？

 女：上半年手机产品的销售情况很好，但从10月份到现在下降了3%。

 男：主要原因是什么？

 女：主要是因为市场上出现了很多新型手机，所以传统手机就没有优势了。

 问：手机的销售量为什么下降了？

19. 女：明天刘阿姨给你介绍女朋友，你打算穿什么去呀？

 男：我穿衬衫、系领带，行不行？

 女：我看看。唉，你这皮鞋也得擦擦，还有，我带你去理理发吧。

 男：您看您，我又不是小孩子，我自己去就行了。

 问：他们最可能是什么关系？

20. 女：你看看，这个相机怎么打不开了？

 男：是电池没电了吧。你带充电器了吗？

 女：糟糕，我忘带了。

 男：幸亏我多带了一块电池，快换上吧。

 问：问题是怎么解决的？

【答案解析】

18 D 因果关系题。女的说"因为市场上出现了很多新型手机，所以传统手机就没有优势了"，可知人们更喜欢新型的手机。

19 B 语境知识题。女的帮男的看穿衣打扮是否合适，还要带男的去理发，关系亲密。男的用"您"称呼对方，女的应该是长辈，可以推测可能是母子关系。

20 A 细节题。根据男的所说"幸亏我多带了一块电池，快换上吧"，可知正确答案是A。

沿虚线折一下

第四章

短文

第一节　题型解析

短文题出现在五级听力考试的第二部分，文章一般在 200 到 300 字之间，有的则更短。每篇短文之后会有两到三个问题。

这部分对文章细节的考查较多，包括数字、地点、人物、背景、故事情节等。此外，还经常出现推理判断类的题型，需要考生听完整篇文章后综合做出判断。因为听一篇文章的时间相对较长，考生需要对其中的信息进行归纳，理清文章主线，必要时需对相关内容进行笔记，才能顺利回答短文后的问题。如果不能很好地归纳信息并做好笔记，就很容易出现听完之后什么也想不起来的情况。

短文题在五级听力中属于难度最高的题型。从文章类型来看，主要分为以下几种：一、故事类，如寓言故事、名人故事、历史故事等；二、说明类，如短评、国家或城市介绍、活动介绍等；三、科普类，如某项科学研究介绍、生活常识（健身的好处、如何做到健康饮食之类）等；四、应用类，如列车或飞机上的广播、商业广告或宣传语、采访等。

第二节　答题攻略

1. 题型预测攻略

　　短文题同样也需要题目预测。通常，如果听后有两个以上的题目，录音中会有这样一句话"第……到……题是根据下面一段话"，考生应迅速在试卷上画出题号，并快速浏览所有选项，从中预测短文的大致内容。如：

例1

34．A 9 点左右　　　　　　　　　B 10 点左右
　　 C 11 点左右　　　　　　　　 D 12 点左右

35．A 很朴素　　　　　　　　　　B 非常勤奋
　　 C 爱惜荣誉　　　　　　　　　D 十分天真

36．A 太调皮　　　　　　　　　　B 忽视细节
　　 C 太自以为是　　　　　　　　D 不注意思考

（真题 H51004 第 34 到 36 题）

【录音文本】

第 34 到 36 题是根据下面一段话：

　　一位学者有许多学生，其中有一位非常勤奋，每天早晨五点起床进实验室，中午在实验室吃完自带的午饭后又接着干，到晚上十点才回宿舍休息。其他学生都很羡慕他的精力，老师们都夸他勤奋，然而，那位学者却有些担心。一天，学者问这位学生："你每天几点进实验室？""早晨五点。""中午休息多长时间？""不到一小时。""晚上几点回宿舍？""十点左右。""那你有多少时间思考？"学生无言以对。这个故事告诉我们：光做不思考，光学不思考，是不会有进步的。

34．那个学生每天几点离开实验室？

35．其他老师觉得这位学生怎么样？

36．学者担心学生什么？

【答案解析】

本题是短文题，听到第一句话时，应快速在试卷上画出第34到36题，并浏览选项。短文题常常包含不同类型的问题，一般考查文章主题的问题在第一个（有时也放在最后），考查文章细节的在中间，考查观点态度、判断推理的在最后。根据本题的选项可以推知第34题是数字题，第35题和第36题是细节题，考生可根据预测确定是否需要做笔记。

第34题是数字题。录音提到这位学生"晚上十点才回宿舍休息"，而且学者问学生"晚上几点回宿舍"，学生回答"十点左右"，因此可以判断正确答案为B。第35题是细节题。录音提到"老师们都夸他勤奋"，可见正确答案为B。第36题是细节题。学者问学生"有多少时间思考"，可知学者担心学生"不注意思考"，正确答案为D。

2. 故事类短文攻略

五级听力中出现最多的就是小故事，有名人故事、历史故事、寓言故事等。故事题容易听懂，所以常常被认为难度不高。但实际上，每个故事后面会有两到三个问题，这些问题涉及的范围很宽，考生往往只能做对其中的一部分，而很难拿到满分。故事题的问题可以分为四种。一是概括大意，考查故事的主要内容，常见的问法是"这个故事的题目是什么？"。二是考查细节，根据故事的发展顺序，可能考查时间、地点、人物关系、人物的情感态度等。三是因果关系，考查某事为什么发生以及结果怎么样。四是总结归纳或理解评价，考查考生对故事所包含的道理的总结和理解，是故事题中最常见的考查重点。一般的问法是"这个故事想告诉我们什么（道理）？"在寓言故事中，这类问题几乎是必考的。以上几种问题，考生在预测题目时可以从选项中推测出来。一般来说，问题的顺序都是按照故事进行的顺序排列的，不会出现跳跃或反向的情况。归纳总结道理的问题一般出现在最后一个，如果通过选项发现这种题型，考生就要特别注意总结和推理。如：

例 2

31. A 饿死的   B 撞死的

      C 摔死的   D 被农民打死的

32. A 他受伤了   B 冬天来了

      C 他养了很多兔子   D 以为还可以捡到兔子

33. A 要注意观察   B 运气很重要

      C 坚持才能取得胜利   D 世上没有免费的午餐

（真题 H51002 第 31 到 33 题）

【录音文本】

第 31 到 33 题是根据下面一段话：

古时候，有个农民正在田里劳动，突然，他看见一只兔子从旁边的草丛里慌里慌张地跑出来，一头撞到田边的大树上，便倒在那儿一动也不动了。农民走过去一看：兔子死了。因为它奔跑的速度太快，把脖子都撞断了。农民高兴极了，他一点儿力气没花，就白捡了一只又肥又大的兔子。他心想：要是天天都能捡到兔子，那日子就好过了。从此，他再也不肯出力气劳动了，每天吃完饭就躺在大树底下，等待着第二只、第三只兔子自己撞到树上来。世上哪有那么多便宜的事啊。这个农民当然再也没有捡到撞死的兔子，而他的田里也没有收获任何粮食，只好饿着肚子过年了。

31. 兔子是怎么死的？

32．农民为什么不去田里劳动了？

33．这个故事主要想告诉我们什么？

【答案解析】

这是一则寓言故事。通过浏览选项，可以发现第 31 题和第 32 题是有关故事细节的，而第 33 题需要总结故事的道理。考生应在听短文的过程中按顺序依次完成这三个问题。第 31 题主要是事实细节，听录音时如果抓住关键句"撞到田边的大树上"，就可以选出正确答案 B。第 32 题考查因果关系，录音中讲到农夫的心理"要是天天都能捡到兔子"，可知他是希望再捡到兔子，因此答案是 D。第 33 题有一定难度。首先根据故事大意，农夫最后的结果是失败的，可以排除 A 和 C 两项。余下的 B 和 D 两项一个强调运气重要，另一个的意思是不能靠运气。从故事的意思看，农夫这种靠运气的做法是愚蠢的、失败的，因此正确答案是 D。

3. 说明文和科普短文攻略

说明文和科普短文也是五级听力中常见的题材。这两种短文有相似之处，但重点的考查角度又有一些不同。两类短文的难点主要在于谈论的话题常常是我们不熟悉的、在日常交际中不常见的话题，因此会有一些生词影响考生的理解，考生常常是半听半猜才能知道文章谈论的是什么。但多数情况下，文中的生词并不影响整体理解。同时，这两类短文较少出现考查细节的问题，只要掌握了文章的主要意思和逻辑关系，就可以找到正确答案。

首先来看说明文。说明文一般是介绍某种东西，可以是人、动物、产品、书籍、电影、运动项目，也可以是一个地方或者风俗文化，等等。听说明文时，考生要注意解决好这样几个问题：一是"是什么"，二是"怎么样"，三是"为什么"。"是什么"要求考生可以听懂短文介绍的是运动、电影还是小说，电影是哪国的，小说的作者是谁，等等。"怎么样"指的是被介绍的东西的特点，比如电影的内容是关于什么的，这个地方有什么特色，等等。"为什么"是说明文考查的一个重点，在说明文中常常介绍某物或某事的来历、历史、代表意义等。这也是常常出现词义猜测类考题的地方，考生需要特别注意。解决好这三个问题，几乎就有把握应对所有的提问了。如：

例3

43. A 五月初七   B 七月初五
    C 七月初七   D 七月十五
44. A 晚上   B 祝福
    C 太阳   D 宇宙
45. A 中国的情人节   B 传统节日的意义
    C 中国人怎么过情人节 D 东西方情人节的不同

（真题 H51003 第 43 到 45 题）

【录音文本】

第 43 到 45 题是根据下面一段话：

中国人有自己传统的情人节，叫作"七夕节"，就在七月初七这一天。七夕的"夕"是"晚上"的意思，所以"七夕"说的就是七月初七的晚上。中国人之所以称这一天是属于情人们的，是因为古时候有一对特别恩爱的男女，由于种种原因，一年中只有这一天才能相见一次，所以中国人把"七夕"视为情人的节日。

43. 中国的情人节是哪天？
44. "七夕"的"夕"是什么意思？
45. 这段话主要谈的是什么？

【答案解析】

　　从录音开头可以判断本题是说明文。听懂第一句就解决了"是什么"的问题，相应地，就可以回答第43题，正确答案是C。短文后面的部分谈"七夕"的来历，以及为什么叫这个名称。听懂这部分，就可以找到第44题的答案A。最后，综合全文，这是一篇说明文，主要介绍中国的情人节"七夕"，因此正确答案是A。

　　再来看科普短文。五级听力的科普短文一般不会选择特别前沿或者生僻的领域，其内容常常是和我们的生活相关的科学常识、养生知识等。这类短文常包含如下要素：某种行为或习惯的好处或坏处，应该怎样做才是正确的，应该注意什么，等等。

　　在科普短文中，逻辑关系一般很严密，要注意表示逻辑关系的连接词。在"好处／坏处""优点／缺点""注意事项""原因／理由"的前后往往都会听到明显的提示语，听到这样的关键词时，后面一定会有几条排列整齐的内容，如"第一，第二，第三""首先，其次，最后""一方面，另一方面"等。这部分内容往往是解题的关键，考生需要特别留意，并和考卷上的选项对照，及时排除错误选项。如：

例4

43．A 宠物有爱心　　　　　　　B 宠物责任感强

　　C 宠物不会告诉别人　　　　D 宠物也需要关心爱护

44．A 容易生病　　　　　　　　B 需要花很多钱来养

　　C 可以帮主人减轻压力　　　D 会给主人带来许多麻烦

45．A 养宠物的好处　　　　　　B 怎样选择宠物

　　C 怎样训练宠物　　　　　　D 养宠物需要注意什么

（真题 H51005 第 43 到 45 题）

【录音文本】

第 43 到 45 题是根据下面一段话：

养宠物有很多好处。首先，养宠物有助于培养人的爱心和责任感。如果你养了宠物，每天必须喂它几次，从而会感到这是自己的责任。其次，你会有一个忠实的朋友，你可以告诉它任何心底的秘密，因为它不会告诉任何人。宠物还会促进主人们之间的人际交往，减少孤独。除此之外，如果有陌生人进来，它会马上告诉你。还有一个好处很重要，那就是宠物可以帮你调整情绪。和猫狗在一起，或观赏游动的鱼儿十五到三十分钟，就可以减轻压力。

43．主人为什么愿意把秘密告诉宠物？

44．关于宠物，下列哪项正确？

45．这段话主要讲的是什么？

【答案解析】

从录音的第一句可以知道这是一篇关于宠物的科普短文。第 43 题较容易，依据录音内容和常识即可做出判断，答案是 C。短文详细介绍了四条养宠物的好处，我们根据录音中"首先—其次—除此之外—还有"的提示，找出四条好处，并与第 44 题的选项相对照。录音中没有提到养宠物的坏处，因此第 44 题可以排除负面的选项，得出正确答案 C。综合全文，结合第一句的主题，可以选出第 45 题的正确答案为 A。

4. 应用文攻略

应用类的短文注重应用性，这类短文一般都是通知、新闻、广告等，大部分是用来发布信息的。因此，这类短文考查的内容都是我们在相关交际场合最需要、最实用的内容。如果我们回顾一下自己听机场、火车站广播时最关心的信息是什么，就会发现，一般来说，人们最关心的就是航班号、车次、目的地、出发及到达的时间、开始登机或检票的通知、航班或列车延误的通知等。在听这类应用类短文时，考生如果能够抓住以上这些有用的信息，基本就可以应对问题了，对于其他无关的信息和数字则可以略过。如：

例 5

37. A 香港　　　　　　　　　　B 上海

　　C 广州　　　　　　　　　　D 北京

38. A 飞机正在降落　　　　　　B 飞机已经降落

　　C 飞机还没起飞　　　　　　D 飞机已经起飞

（2009 年大纲样卷第 37 到 38 题）

【录音文本】

第 37 到 38 题是根据下面一段话：

女士们、先生们：

　　欢迎乘坐中国南方航空公司的航班。我们将从北京飞往上海，飞行距离是 1100 公里，空中飞行时间大约是 2 小时 10 分钟，飞行高度 7000 米。为了您和其他乘客的安全，在飞机起飞和降落过程中请不要使用电脑、手机、游戏机等电子设备。飞机很快就要起飞了，请您在座位上坐好，系好安全带。我们将为您提供最周到的服务。谢谢！

　　37. 飞机要去哪个城市？

　　38. 根据这段话，可以知道什么？

【答案解析】

　　　听到第一句，可以知道这是一段机上广播。只要关注重要的信息，很容易确定第37题的正确答案为B。后面的内容里出现了很多干扰性的数字，如飞行距离、时间、高度等，这些都不是机上广播考查的重点，考生不要过多地牵扯注意力。最重要的部分是最后的两句，是飞机上的禁忌和起飞之前系好安全带的提示，这些才是与乘客直接相关的。只要听到"飞机很快就要起飞了"，就可以判断第38题的正确答案为C。

　　对于商业广告、通知、海报等应用类短文，一般可以按照以下思路来梳理信息：一、有什么样的商品、活动、演出等；二、（商品、活动、演出等）有什么特点和限制；三、商品的价格、活动优惠、打折、宣传、报名信息等。如：

例6

40. A 公平、公开　　　　　　　　B 青春、时尚
　　 C 自由、快乐　　　　　　　　D 精彩、浪漫

41. A 导演　　　　　　　　　　　B 网友
　　 C 设计师　　　　　　　　　　D 大学生

42. A 刚刚结束　　　　　　　　　B 是体育比赛
　　 C 四月公布结果　　　　　　　D 主要面向中老年人

（真题 H51002 第 40 到 42 题）

【录音文本】

第 40 到 42 题是根据下面一段话：

　　　本次时装设计大赛的主题是青春、时尚，参加比赛的设计师要求年龄在二十五岁以下，设计师可以充分自由发挥自己的

想象力和创造力，体现自己的个性。整个大赛本着公平、公开的原则进行，所有设计师的作品都将被放在网上，由网友打分，评选出最佳设计奖，评选结果将于四月十五日公布。具体的比赛规则和报名方法见网上的"报名须知"。

40．本次大赛的主题是什么？

41．参赛作品由谁来评分？

42．关于这次比赛，可以知道什么？

【答案解析】

　　从录音的开始部分可以知道这是一则比赛信息。考生可以按照上面提供的思路快速进行信息归纳：一、年轻人时装设计大赛，主题是青春、时尚，二、作品网上打分，三、报名信息在网上看。通过归纳的信息，可以排除问题中不正确的选项。根据第一条比赛的性质，确定第 40 题答案选 B。第二条是比赛的规则和特点，确定第 41 题答案选 B。根据三部分的综合信息，可以排除第 42 题的 A、B、D 三个选项，确定正确答案是 C。

　　听力考试时间紧张，考生要注意判断短文类型，理清思路，抓住主要信息，避免被无关的信息所干扰。过分纠结琐细的信息，或者试图记下所有的信息，都是不可取的。

5. 做笔记攻略

　　短文听力由于文章较长，难以记住所有听过的内容，因此做笔记是非常必要的。短题一般有两个以上的问题，考生面对的选项很多，要从选项中寻找对应或者画关键词都比较难，因此最实用的办法是利用关键词和符号，根据不同类型文章的结构和逻辑做简单的记录。我们在前文介绍了不同类型短文的逻辑结构和信息重点，可以作为考生做笔记时的依据。

对于故事题，适宜按照故事"发生—发展—结果"的顺序做简要的笔记。比如，故事题攻略的例2，可以根据听录音的进程做如下记录：

```
○        兔子撞死
○        农民捡 ✓
○        农民等 ✕
○        挨饿
```

其中用✓记录正面态度，表示农民很高兴；用 ✕ 记录负面态度，表示农民失望了，结果失败了。根据笔记对照选项，可以帮助考生选出正确的答案。

说明文和科普短文常常分条阐述，做笔记更加方便。以该部分攻略的例4为例，可以在试卷上做如下笔记：

```
○        好处
○        1. 爱心、责任感 ＋
○        2. 秘密
○        3. 孤独 —
○        4. 陌生人
○        5. 压力 —
○
```

对于应用文，可以按照以下逻辑思路做笔记：一、有什么；二、特点和限制；三、价格、购买和活动方式等。以应用文攻略的例6为例，可以做如下笔记：

○ 　　　　年轻人时装设计大赛，青春、时尚

○ 　　　　作品网上打分

○ 　　　　报名信息在网上看

　　考生应经常练习利用最简单的词语和符号做笔记，适应一套熟悉的符号，提高听力考试的效率。

第三节　专项练习

第 1-20 题：请选出正确答案。

1. A　看家
   B　保护主人
   C　陪孩子玩儿
   D　当一只狗

2. A　狗要有目标
   B　人要有目标
   C　怎么训练小狗
   D　狗是人的朋友

【录音文本】

第1到2题是根据下面一段话：

　　一对夫妇决定为他们的孩子养一只小狗，他们想请一位朋友帮忙训练。在第一次训练前，驯狗师问："小狗的目标是什么？"夫妻俩不知道怎么回答，他们实在想不出狗有什么目标，于是回答说："一只小狗的目标？那当然就是当一只狗了。"驯狗师很严肃地摇摇头说："每只小狗都得有一个目标。"

　　夫妻俩商量之后，给小狗确定了一个目标——白天和孩子们一起玩儿，夜里看家。后来，小狗被成功地训练成了孩子的好朋友和家中的卫士。

　　这对夫妇就是美国的前任副总统阿尔·戈尔和他的妻子。他们牢牢地记住了这句话——做一只狗要有目标。同样，做一个人更要有目标。

　　1.夫妻俩给小狗定的白天的目标是什么？
　　2.这段话告诉我们什么？

【答案解析】

1　C　录音提到"白天和孩子们一起玩儿，夜里看家"。
2　B　录音前面说"狗"，实际是想引出"人"，最后一句给出中心思想"做一个人更要有目标"。

沿虚线折一下

3. A 用手摸

   B 用眼睛看

   C 用鼻子闻

   D 用耳朵听

4. A 像一根萝卜

   B 像一棵大树

   C 像一根绳子

   D 像一把扇子

5. A 要亲眼看见才能下结论

   B 盲人的观点不可信

   C 判断一件事要全面

   D 了解一件事很不容易

【录音文本】

第3到5题是根据下面一段话：

古时候，有四个盲人，他们很想知道大象是什么样子。有一天，一位有钱人送来一头大象，四个盲人什么也看不见，只好用手去摸。胖盲人先摸到了大象的牙齿。他说："我知道了，大象就像一根长长的萝卜！"高个子盲人摸到了大象的耳朵。他立刻反对："不对，不对，大象像一把扇子！"这时，矮个子盲人生气地说："你们全都是瞎说，大象长得像根大柱子！"原来，矮个子盲人只摸到了大象的腿。最后，那位摸到大象尾巴的盲人说："你们都说错了，大象像一根绳子！"其实，他们都只摸到了大象的一部分，谁都没有说对。

3. 四个盲人用什么方法知道大象的样子？

4. 关于大象，下面哪项不是盲人的观点？

5. 这个故事告诉我们什么？

【答案解析】

3 A 盲人看不见，要知道大象的样子，根据常识应该用手去摸。录音也提到"只好用手去摸"。

4 B 四个盲人先后以为大象像"萝卜"、"扇子""柱子""绳子"。没有提到"大树"，因此正确答案是B。

5 C 四个盲人都只摸到大象的一小部分就想象它的样子，都没有说对。成语"盲人摸象"比喻对事物只凭片面的了解就乱加猜测，做出判断。

6. A 北京
   B 厦门
   C 上海
   D 香港

7. A 飞机正在降落
   B 飞机已经降落
   C 飞机还没起飞
   D 飞机已经起飞

8. A 手机
   B 游戏机
   C 手提电脑
   D 收音机

【录音文本】

第6到8题是根据下面一段话：

女士们、先生们：

欢迎您乘坐中国国际航空公司CA1815次航班。本次航班由北京飞往厦门，飞行距离是1700公里，预计空中飞行时间是2小时40分钟。飞行高度7000米，飞行速度平均每小时650公里。

为了保证飞机通信系统的正常工作，在飞机起飞和下降过程中请不要使用手提电脑，在整个航程中请不要使用手机、电子游戏机、收音机等电子设备。

飞机很快就要起飞了，请您在座位上坐好，系好安全带，收起座椅靠背和小桌板。本次航班全程禁烟，在飞行途中请不要吸烟。

本次航班的乘务长将协同乘务员竭诚为您提供周到的服务。

6. 飞机要去哪个城市？

7. 根据这段话，可以知道什么？

8. 飞机起飞后，乘客可以使用什么？

【答案解析】

6 B 根据录音"本次航班由北京飞往厦门"。

7 C 录音提到"飞机很快就要起飞了"，所以还没有起飞。

8 C 录音提到"在飞机起飞和下降过程中请不要使用手提电脑"，而在整个航程中都不能使用的物品并未提到手提电脑，可以判断起飞后是可以使用手提电脑的。

9. A 要杀光所有的牛
   B 他的脚非常痛
   C 不喜欢石头路
   D 不让走路的人受苦

10. A 无奈
    B 赞成
    C 无所谓
    D 怀疑

11. A 请他收回命令
    B 请他多派一些工人
    C 请他包住自己的脚
    D 请他多花一些钱

12. A 仆人的智慧
    B 皮鞋是怎么来的
    C 国王的愚蠢
    D 牛是怎么被杀的

【录音文本】

第9到12题是根据下面一段话：

很久以前，人类都还光着脚走路。有一位国王到乡村旅行，因为路上有很多碎石头，刺得他的脚又痛又麻。于是，他下了一道命令，要把国内的所有道路都铺上一层牛皮。他认为这样做，不只是为自己，还可以造福他的人民，让大家走路时不再受苦。但即使杀光国内所有的牛，也没有足够的牛皮，而所花费的金钱和人力更是无法想象的。虽然根本做不到，甚至还相当糊涂，但因为是国王的命令，大家都很无奈。一位聪明的仆人大胆向国王提出建议："国王啊！为什么您要杀死那么多头牛，花费那么多金钱呢？您为什么不用两小片牛皮包住您的脚呢？"国王听了很惊讶，但也立即明白了，于是收回命令，采用了这个建议。据说，皮鞋就是这样来的。

9. 国王为什么要把道路铺上牛皮？
10. 人们对国王的命令是什么态度？
11. 国王的仆人提出什么建议？
12. 这段话主要谈论了什么？

【答案解析】

9 D 把道路铺上牛皮，录音提到国王"不只是为自己"，还为了"让大家走路时不再受苦"。

10 A 录音提到"大家都很无奈"。

11 C 录音提到仆人建议"您为什么不用两小片牛皮包住您的脚呢？"。"为什么不"是典型的提建议的说法。

12 B 录音最后一句点题"皮鞋就是这样来的"。

13. A 中国著名电影

B 中国电视剧

C 中国古代故事

D 中国古典小说

14. A 模仿了小说的内容

B 是现代园林

C 还不允许人们参观

D 是北京的著名建筑

15. A 90 种

B 500 种

C 700 种

D 5000 种

16. A 亚洲面积最大的动物园之一

B 展出外国领导人送的动物

C 只展出中国的动物

D 中国规模最大的动物园之一

【录音文本】

第13到14题是根据下面一段话：

北京大观园是根据小说《红楼梦》建成的古典园林，由于文化特点突出，成为北京新十六景之一。大观园模仿了中国著名古典小说《红楼梦》描写的"大观园"的景观，园中的建筑、山水、植物等，都尽量和小说保持一致，包括怡红院、蘅芜苑等。人们一进入园中，就能感受到小说的气氛。

13. 大观园是根据什么建成的？

14. 关于大观园，下列哪项正确？

第15到16题是根据下面一段话：

北京动物园是亚洲面积最大、动物种类最多的动物园之一，至今已有100多年的历史。北京动物园展出约500种珍贵的动物，共5000多只，是我国规模最大的动物园之一，也是一所世界著名的动物园。这里主要展出我国丰富的野生动物和珍稀动物，同时也广泛收展世界各地的代表性动物，外国领导人赠送给中国的动物也在这里展出。

15. 北京动物园一共展出约多少种动物？

16. 关于北京动物园，下列哪项不正确？

【答案解析】

13　D　录音第一句提到"根据小说《红楼梦》建成"。

14　A　根据录音可知"大观园模仿了中国著名古典小说《红楼梦》描写的'大观园'的景观"。选项D看似正确，但"大观园"是一个"园林"，不能称为"建筑"。

15　B　根据录音"北京动物园展出约500种珍贵的动物"。

16　C　录音提到北京动物园主要展出中国动物，但"同时也广泛收展世界各地的代表性动物"。

沿虚线折一下

17. A 给父亲买好衣服

    B 给父亲买房子

    C 给父亲很多钱

    D 把父亲赶出家门

18. A 伤心

    B 愤怒

    C 失望

    D 惊讶

19. A 上帝

    B 老人的父亲

    C 老人的儿子

    D 老人的朋友

20. A 父母是孩子的老师

    B 应该孝顺父母

    C 不能娇惯孩子

    D 孩子不懂父母的辛苦

【录音文本】

第17到20题是根据下面一段话：

　　有一个男人非常爱自己的儿子，他辛苦把儿子养大，又供儿子上大学，给儿子买最好的衣服，自己却吃不饱、穿不暖。他用节约下来的钱给儿子买了房子，帮他娶妻结婚，自己也老了。没想到，他的儿子却在一个风雨之夜把他赶出了家门。老人来到一个破庙避雨，伤心地喊道："上帝呀，为什么对我这么不公平？"这时，一个比他更老的人从寺庙里走出来说："这都是你自己造成的呀。"老人非常惊讶："你是上帝吗？"更老的人说："混蛋！在20多年前，你就把我赶出来了，我是你爸爸呀，你已经不认识我了？"

　　17.男人的儿子对父亲怎么样？

　　18.对儿子的行为，男人是什么感觉？

　　19.寺庙里的老人是谁？

　　20.通过这个故事，可以知道什么？

【答案解析】

17　D　录音提到"他的儿子却在一个风雨之夜把他赶出了家门"。

18　A　虽然选项B、C看似也有道理，但录音提到老人"伤心地喊"。

19　B　根据寺庙里老人的话"我是你爸爸呀"。

20　A　选项B和C也算是短文表达的意义之一，但不是主题。老人的父亲说今天的结果都是老人自己造成的，因为20多年前老人也做了同样的事。所以父母是孩子的老师，父母怎么做，孩子就会怎么学。

模拟篇

全真模拟试题一

第一部分

1. A 买花儿
   B 买电脑
   C 打工
   D 借钱

2. A 兴奋
   B 紧张
   C 遗憾
   D 羡慕

3. A 飞机场
   B 火车站
   C 电影院
   D 地铁站

4. A 收入
   B 环境
   C 压力
   D 稳定

5. A 堵车了
   B 坐过站了
   C 坐错了方向
   D 出门晚了

6. A 很可爱
   B 雨很多
   C 变化快
   D 没晴天

7. A 做手术
   B 找大夫
   C 看爸爸
   D 打电话

8. A 菜的味道
   B 菜的价格
   C 用餐环境
   D 服务态度

9. A 歌还没有下载
   B 歌还没有保存
   C 他不知道怎么复制
   D 他要找找歌在哪儿

10. A 吃药
    B 看病
    C 锻炼身体
    D 按时吃饭睡觉

11. A 应该谨慎
    B 非常支持
    C 完全否定
    D 值得鼓励

12. A 女的骨头受伤了
    B 女的动不了了
    C 女的去滑冰了
    D 女的常做运动

13. A 图书馆
    B 书店
    C 咖啡馆
    D 超市

14. A 她没有分手
    B 她并不伤心
    C 男的应该分手
    D 男的不理解她

15. A 女的发了短信
    B 没人参加聚会
    C 他们没发短信
    D 他们取消了聚会

16. A 勤奋
    B 严格
    C 小气
    D 胆小

17. A 22个
    B 11个
    C 9个
    D 2个

18. A 衣服口袋里
    B 桌子上
    C 门上
    D 电视旁边

19. A 喝两杯咖啡

    B 买咖啡杯

    C 点新款的咖啡

    D 不要喝咖啡

20. A 不知道去哪儿好

    B 喜欢出国旅游

    C 喜欢呆在家里

    D 去哪儿都可以

第二部分

第 21-45 题：请选出正确答案。

21. A 小区保安

    B 建筑工人

    C 地铁工作人员

    D 房产销售

22. A 她心情不好

    B 她身体不舒服

    C 她要减肥

    D 她被朋友笑话

23. A 7110

    B 7900

    C 8000

    D 9000

24. A 考研究生太累

    B 来不及准备

    C 读书太单调

    D 社会竞争太激烈

25. A 他们要签合同

    B 他们要去谈判

    C 男的回去取合同

    D 谈判已经开始了

26. A 兄妹

    B 师生

    C 朋友

    D 母子

27. A 买东西

    B 设置密码

    C 存钱

    D 取钱

28. A 年龄

    B 职业

    C 外貌

    D 家乡

29. A 欣赏女的的观点
    B 担心引起争论
    C 感谢女的的提醒
    D 坚持自己的意见

30. A 食品
    B 药品
    C 酒
    D 做饭

31. A 采访
    B 谈判
    C 聊天
    D 上课

32. A 商品
    B 销售
    C 服务
    D 人才

33. A 大学生不多
    B 高级人才很少
    C 自己培养人才
    D 正在招聘人才

34. A 反对
    B 同情
    C 支持
    D 无所谓

35. A 因为它是保护动物
    B 因为可能会食物中毒
    C 因为破坏生态平衡
    D 因为会使害虫增加

36. A 旧鞋
    B 钱包
    C 绳子
    D 袜子

37. A 不相信脚
    B 不相信绳子
    C 不相信鞋
    D 不相信商店

38. A 买鞋要亲自试穿
    B 不能随便相信别人
    C 做事的方法要灵活
    D 应该认真做选择

39. A 来游泳的人少了

　　B 水变干净了

　　C 没什么效果

　　D 人们换了地方游泳

40. A 因为水库禁止游泳

　　B 因为水库不卫生

　　C 因为水库游泳不安全

　　D 因为自己家要用水库的水

41. A 找工具

　　B 拆下木板

　　C 修理围墙

　　D 玩儿游戏

42. A 欣赏

　　B 感动

　　C 反对

　　D 同情

43. A 做事要有耐心

　　B 做人要善良

　　C 不能给别人帮倒忙

　　D 帮助别人要看情况

44. A 想喝酒

　　B 想滑冰

　　C 想抓鱼

　　D 想游泳

45. A 养鱼场

　　B 一条河

　　C 一个湖

　　D 滑冰场

全真模拟试题一录音文本

（音乐，30秒，渐弱）

大家好！欢迎参加 HSK（五级）考试。

大家好！欢迎参加 HSK（五级）考试。

大家好！欢迎参加 HSK（五级）考试。

HSK（五级）听力考试分两部分，共 45 题。

请大家注意，听力考试现在开始。

第一部分

第 1 到 20 题，请选出正确答案。现在开始第 1 题：

1. 女：你的新笔记本电脑得花不少钱吧？

   男：可不是，花得我要破产了。这个暑假不打工是不行了。

   问：男的暑假可能要做什么？

2. 女：你今天心情很好啊。

   男：能不好吗？期待了这么久，终于拿到足球决赛的门票了。

   问：男的是什么心情？

3. 男：请问您，八点半这场现在买票还来得及吗？

   女：您赶紧买，赶得上。现在里面放广告呢。

   问：他们可能在哪儿？

4. 男：都说你们公司工资高、环境好。

女：你们哪知道我们的辛苦。工作累不说，压力还特别大。

问：对话中没谈到哪方面？

5. 男：你昨天怎么去晚了？

女：我就记得要坐 5 路汽车，忘了过马路。坐了很远才下车往回走。

问：女的为什么迟到了？

6. 女：上午还是晴天，你看现在这雨下得多大。

男：不是说六月的天气，就像三岁孩子的脸吗？说变就变。

问：六月的天气有什么特点？

7. 男：终于打通了。怎么一直占线？

女：刚才在跟医生谈我爸手术的事。说吧，什么事？

问：他们在做什么？

8. 女：听说那家饭馆儿的川菜特别地道，咱们什么时候去试试？

男：那家呀，等他们知道什么叫"礼貌"，我再去吃。

问：男的对那家饭馆儿的哪方面不满意？

9. 女：那首歌还在你电脑里吗？我也想听，能不能复制给我？

男：你等两分钟，我下载以后忘了保存到哪儿了。

问：男的为什么让女的等？

10. 女：我头疼好几天了，吃药也不见好。

男：我看你就是生活没有规律。到什么时间干什么事，保证身体没毛病。

问：根据男的的说法，女的应该怎么做？

95

11. 女：听说最近有几只股票很好，咱们用这十万块钱投资吧。

　　男：股票风险太大。还是一半存银行、一半做投资比较保险。

　　问：对股票投资，男的是什么态度？

12. 男：幸亏没伤到骨头，要不你一个月都走不了路。

　　女：看来滑冰之前得好好做做准备活动。

　　问：从这段对话，我们可以知道什么？

13. 女：我去第三排买几块巧克力，再去第五排看看宠物食品。

　　男：那我去出口看看有没有卖杂志的。咱们收款台那儿见。

　　问：他们可能在哪儿？

14. 男：不就是分手嘛，至于这么伤心吗？

　　女：怎么不至于？分手的又不是你。

　　问：女的是什么意思？

15. 男：明天聚会的饭店已经订好了。同学们回复你的短信了吗？几个人能来？

　　女：啊？我以为是你给大家发短信呢。

　　问：从对话中可以知道什么？

16. 女：这个周末有什么安排？

　　男：老板已经给我安排好了。加班，而且从来不给加班费。

　　问：根据男的的说法，老板是什么样的人？

17. 女：你们班有日本女生吗？

　　男：全班 22 个人，有一半是日本人，其中只有两个女生。

　　问：他们班有多少日本男生？

18. 女：看见我的钥匙了吗？我记得我放在衣服口袋里了。

　　男：昨天我还在桌子上看见了。门上有没有？哎，电视旁边这不是吗？

　　问：钥匙在哪儿？

19. 男：你们这儿哪种咖啡比较好？

　　女：如果您点我们新出的这款咖啡，就可以赠一个咖啡杯。

　　问：女的建议男的做什么？

20. 男：妈，今年春节咱们全家一起出国旅游，怎么样？

　　女：要我说呀，去哪儿都不如在家里好。

　　问：女的是什么意思？

第二部分

第 21 到 45 题，请选出正确答案。现在开始第 21 题：

21. 男：这个小区旁边就是公园，环境非常好。

　　女：是不错。交通方便不方便？

　　男：从这儿走到地铁站只要十分钟就到了。

　　女：93 平米的两室一厅，你帮我看看总价是多少。

　　问：男的最有可能是干什么的？

22. 女：我不吃了。

　　男：吃饱了？你怎么吃得这么少？是不是身体不舒服啊？

　　女：就是你老让我吃，在我的朋友里，我是最胖的！从今天起，我要开始减肥！

　　男：就为了这个呀，胖点儿、瘦点儿有什么关系，身体最重要！

问：女的为什么吃得很少？

23. 男：小姐，这是我们最新上市的手机，别的地方都卖 8000 多呢。

女：手机的款式和功能我都挺满意的，就是价格太贵了。能不能优惠一
点儿？

男：这是进口产品，原价 7900，最多只能打九折。

女：算了，这么贵，我还是上网看看吧，说不定更便宜呢。

问：手机的价格最低是多少？

24. 男：你大学快毕业了，为什么不准备考研究生呢？

女：在学校读了十多年的书，太单调了。

男：现在社会竞争这么激烈，不多读点儿书怎么行呢？

女：可我还是想到社会上去闯闯，锻炼一下自己。

问：女的为什么不想考研究生？

25. 女：糟了，我忘带合同了。

男：你怎么搞的？咱们是来谈判的，没带合同怎么谈？

女：您别着急，我现在马上回去取。

男：嗯，还有半个小时，应该来得及。

问：通过对话可以知道什么？

26. 女：龙龙，快起床了，今天开学第一天，不能迟到。

男：别吵了，让我再睡一会儿吧，困死了。

女：你都睡了一个假期的懒觉了，还睡呀？龙龙，你是个大孩子了，不
要让我再操心了。

男：好了，好了。我起来了。您别唠叨了。

问：他们可能是什么关系？

27. 男：您好，请输入您的取款密码。

   女：糟了，我把密码忘了。

   男：您再好好想想，密码是六位数字。如果实在想不起来，也可以办理
   密码挂失手续。

   女：啊，对了，我想起来了！

   问：女的正在做什么？

28. 女：我家邻居是个南方姑娘，年龄和你差不多，要不要给你介绍一下？

   男：哦？做什么工作的？

   女：北大法语系毕业的，现在在外企当翻译。怎么样，不错吧？

   男：是不错，性格怎么样？我喜欢活泼大方的。

   问：关于姑娘，没有提到哪方面的情况？

29. 女：这篇报道的内容是不错，但是观点有点儿太尖锐了。

   男：您说过，作为一名记者要坚持自己的观点。

   女：我是担心发表出来会引起争论。

   男："塞翁失马，焉知非福"，说不定争论也是好事呢。

   问：男的是什么态度？

30. 女：我不喜欢油炸食品，太不健康了。

   男：您放心，我们这儿卖的绝对不是油炸食品。

   女：都有什么口味的？

   男：您看的这种是麻辣的，这边是水果口味的，比较清淡。

   问：他们在谈论什么？

第 31 到 33 题是根据下面一段对话：

女：张总，您觉得一个企业要成功，最重要的是什么呢？

男：我觉得最重要的是人才。

女：您这个行业最需要什么样的人才？

男：对我们来说，管理商品、采购、销售、服务，各方面的人才都很需要。

女：那您有什么好方法来解决企业的人才问题呢？

男：我觉得最好还是自己培养人才。我们目前的管理人员一半以上都是从大学来到公司，经过各种培训发展起来的。当然，为了吸引一些高级人才，我们也会和一些人才服务公司合作。

女：好的，谢谢您和我们交流了这么多看法！

31．他们在做什么？

32．根据对话，企业最重要的是什么？

33．关于这个企业，可以知道什么？

第 34 到 35 题是根据下面一段话：

青蛙是国家禁止捕杀的保护动物，但在日常生活中有不少人把青蛙肉当作补品或美食，导致一些商贩大量捕杀青蛙。这必然会破坏生态平衡，导致害虫泛滥。此外，人们为保证农作物的产量，大量使用各种农药，青蛙吃了带有农药的害虫后，农药便会残留在青蛙体内。人们吃了蛙肉以后，容易引起食物中毒，给人类健康带来危害。

34．对于捕杀青蛙，说话人是什么态度？

35．为什么吃青蛙肉对健康有害？

第 36 到 38 题是根据下面一段话：

古时候，有一个人要去买一双新鞋。他先在家用绳子量好了自己的脚，作为买鞋的尺寸。到了市场，他挑好了一双自己满意的鞋，可是突然发现量尺寸的绳子放在家里忘记带来了。于是他赶紧放下鞋子跑回家，拿了绳子又急急忙忙赶到市场。等他回来的时候，太阳已经快下山了，商店也关门了。有人问他："你为什么不用你的脚穿一下，试试鞋的大小呢？"他回答说："那可不行，我量的尺寸才可靠，我的脚是不可靠的。我宁可相信绳子，也不相信自己的脚。"

36．这个人买鞋时忘了带什么？

37．这个人为什么不用脚试试鞋的大小？

38．这个故事告诉我们什么？

第 39 到 40 题是根据下面一段话：

一座城市的郊区有一个水库，每年夏天都吸引一大批游泳爱好者去游泳，但水库是城市自来水厂的重要水源，为了保持水的清洁卫生，自来水厂在水库旁边立了许多"禁止游泳"的牌子，可是效果都不理想，人们还是照样来游泳。后来，自来水厂换了所有牌子上的话，写道："你家用的水来自这里，为了你和家人的健康，请保持清洁卫生"。结果，水库里就很少能看到游泳的人了。自来水厂用巧妙的办法，保证了水库的清洁。

39．"禁止游泳"的牌子效果怎么样？

40．后来人们为什么不来水库游泳了？

第 41 到 43 题是根据下面一段话：

一位老人带着孙子走在街上，看到一个男孩儿在修理花园的围墙。他的父亲告诉男孩儿修好以后才能去玩儿。男孩儿显然干得不太顺利，一会儿是工具掉了，一会儿是木板放得不对。一不小心，他的手还被弄伤了。男孩儿很生气，扔下东西就跑去和小朋友们玩儿了。老人的孙子很同情这个男孩儿，就帮男孩儿把那块木板装上了。但是，老人走过去，把木板又拆了下来。"您这是干什么，爷爷？"孙子问，"您不是经常教育我要帮助别人吗？""我是教育你要善良，多做好事，但不是要你帮倒忙。"老人说，"你帮小男孩儿干了他应该干的事，不但没有让他学会修围墙，而且，他也没学会在做事情之前，要有足够的耐心。你所谓的好心可能会耽误了他的一生。"

41．老人的孙子帮男孩儿做了什么？

42．老人对孙子的行为是什么态度？

43．这段话主要想说明什么道理？

第 44 到 45 题是根据下面一段话：

一个傻瓜喝醉了之后想去抓鱼，可是大冬天的到哪儿去抓呢？傻瓜出去转了一圈，发现了一块很大的冰，就马上开始凿冰。

这时，他听到一个声音喊道："喂，别凿了，那下面没有鱼！"傻瓜抬起头往周围看了看，没有人，又蹲下接着凿。

"你这个人怎么回事？我叫你不要凿，你听见没有啊？"那个声音喊道。

傻瓜生气了："你叫什么叫？你怎么知道下面没有鱼，你以为你是上帝吗？"

"我不是上帝"，那个人说，"我是这个溜冰场的经理！"

44．这个人为什么凿冰？

45．这个人是在哪儿凿冰的？

听力考试现在结束。

全真模拟试题一答案解析

1 C 男的买了新笔记本电脑。"花得我要破产了"中的"花"是动词"花钱"的"花"，而不是选项 A"买花儿"中的"花"。"破产"的意思是丧失全部财产，这里是夸张的说法，表示笔记本电脑很贵。"不打工是不行了"，双重否定表示肯定，意思是一定要打工，可见男的暑假要打工。

2 A 男的心情很好，首先排除选项 B 和 C。他的好心情是因为"拿到足球决赛的门票"，而且期待了很久，所以心情是兴奋的。"羡慕"是指希望自己也能有别人那样的才能、优点和条件，与题意不符。

3 C 由关键词"这场""放广告"可知是电影院场景。

4 D 男的提到"工资"（即收入）、"环境"，女的提到"压力"。对话中没提到的是"稳定"。这类题目的信息量较大，考生应在试卷上适当进行笔记。

5 C 女的坐公共汽车"忘了过马路"，所以应该是在马路对面坐车，她坐错了方向。

6 C 根据女的所说，可知上午天气晴朗，现在正在下雨。男的说的"说变就变"中的"说 V 就 V"结构，是形容 V 得很快，也就是变得很快的意思。

7 D 由关键词"打通""占线"可知他们是在打电话。女的说"跟医生谈我爸手术的事"，是刚才她打电话的内容。

8 D 男的说"等他们知道什么叫'礼貌'，我再去吃"，可知他们现在不知道什么叫"礼貌"，意思是他们不懂礼貌，服务态度不好。

9 D 女的想复制男的电脑里的歌，男的说"下载以后忘了保存到哪儿了"，所以歌已经下载了，但是需要找一找。

10 D "生活没有规律"，指吃饭、睡觉等基本活动没有固定的时间。选项 A、B、C 对话中都没有提到。

11 A 女的提议十万块钱全部用于买股票。男的觉得"风险太大"，认为应该"一半存银行、一半做投资"。这种"一半……一半……"的态度是中立的，也是谨慎的。

12　C　由"没伤到骨头，要不你一个月都走不了路"可排除选项 A 和 B。女的说"滑冰之前得好好做做准备活动"，可知她去滑冰了，而且没好好做准备活动。

13　D　由关键词"巧克力""宠物食品""杂志""出口""收款台"，可知对话是在超市发生的。

14　D　女的分手了，男的觉得不用这么伤心。女的说"怎么不至于？"，反问句，意思是：这么伤心是难免的，"分手的又不是你"，而是我，所以你并不理解我。

15　C　男的问"同学们回复你的短信了吗？"，可见他以为是女的发短信。而女的以为是男的发短信，可见他们都没有发短信。

16　C　男的的老板让他周末加班，说老板"严格"也有一定的道理。然而老板"从来不给加班费"，就只能指向"小气"。

17　C　数字题。全班22个学生，一半是日本人，因此有 11 个日本人。其中两个是女生，那么九个是男生。

18　D　"衣服口袋里"被女的自己否定了。"桌子上""门上"也先后被男的否定了。"电视旁边这不是吗？"，反问句，意思是就在电视旁边。

19　C　男的在选择咖啡。女的建议"点我们新出的这款咖啡"。"赠咖啡杯"中"赠"是"送"的意思，是一种推销的方法。

20　C　女的说"去哪儿都不如在家里好"。"A 不如 B"的意思是"和 A 相比，B 更好"。可见女的认为呆在家里更好。

21　D　男的介绍了小区的环境和交通情况，可知是租房或者买房场景。而女的问"93 平米的两室一厅"总价是多少，可以知道她是在买房，男的是房产销售人员。

22　C　女的说"从今天起，我要开始减肥"。

23　A　问题是"价格最低是多少？"。录音提到了三组数字"8000 多""7900""九折"。"8000 多"是别的地方的价格，男的说"原价 7900，最多

只能打九折"。通过浏览选项可知接近于"7900"打九折之后价格的只能是
选项 A。

24　C　女的说"在学校读了十多年的书，太单调了"，跟选项 C 完全相符。
选项 D"社会竞争太激烈"是男的认为女的应该考研究生的原因。

25　B　女的忘了带合同，打算回去取。男的说"咱们是来谈判的"，符合
选项 B。选项 A 虽然看似有道理，但他们提到合同时，并没有说要"签合同"，
只是需要带在身边，所以选项 A 并不正确。

26　D　女的在叫男的起床。录音提到"开学第一天""你是个大孩子了"
"不要让我再操心了"，可以知道男的是学生，女的应该是男的的妈妈。

27　D　根据开头的关键词"取款""密码"，可知对话应该发生在银行。男
的是银行职员，女的来取款。

28　C　女的提到姑娘的家乡（南方）、年龄、毕业学校、专业和工作，男
的还想知道姑娘的性格。所以没有提到的是选项 C"外貌"。

29　D　男的说"作为一名记者要坚持自己的观点"，与选项 D"坚持自己
的意见"一致。"塞翁失马，焉知非福"是成语，比喻坏事在一定条件下可
以变为好事。所以男的想表达的意思是争论也可能是好事。

30　A　男的女的都说到"油炸食品"，还有"口味""麻辣""水果口味"
"清淡"这些词语都可推知他们在谈论食品。

31　A　整段对话都是女的问问题，男的回答。最后女的说"谢谢您和我们
交流了这么多看法"，可以知道她是在进行采访。

32　D　男的一开头便指出企业最重要的是人才，整个对话也都是关于人
才的。

33　C　本题稍有难度。根据录音"最好还是自己培养人才"，可以判断选
项 C 为正确选项。男的提到他们的管理人员"一半以上都是从大学来到公
司"，所以大学生很多，选项 A 不对。"为了吸引一些高级人才"，他们和人
才服务公司合作，所以不能说"高级人才很少"，可以排除选项 B。另外男
的虽然说需要人才，但并没提到正在招聘，所以选项 D 也不正确。

34　A　对于捕杀青蛙，录音第一句就指出"国家禁止"，之后录音提到"这必然会破坏生态平衡，导致害虫泛滥"，还提到"给人类健康带来危害"，这都是反对的态度。

35　B　选项A、C、D虽然本身正确，但都不是"吃青蛙肉对健康有害"的原因。

36　C　这个人买鞋前"先在家用绳子量好了自己的脚"，而在买鞋时发现"绳子放在家里忘记带来了"。

37　A　根据录音"我的脚是不可靠的。我宁可相信绳子，也不相信自己的脚"。

38　C　这篇短文讲的是成语"郑人买履"的故事。这个人只相信绳子，而不相信自己的脚，做事太死板，耽误了买鞋。这个成语讽刺那些做事不灵活、死板教条的人。

39　C　根据录音"效果都不理想，人们还是照样来游泳"。

40　D　自来水厂换了"你家用的水来自这里……"的牌子后，人们才不来这里游泳了。

41　C　老人和孙子看见男孩儿在修理围墙，孙子"帮男孩儿把那块木板装上了"，也就是说他帮男孩儿修理了围墙。

42　C　老人把孙子装上的木板又拆了下来，而且说他是"帮倒忙"，"帮倒忙"的意思是好心帮忙，但却得到了相反的、不好的结果，可见老人对孙子的行为持否定态度。除了选项C，其他三个选项都是肯定态度。

43　D　选项C和D有相似之处。如果选C，则没有理解短文的深层意思。表面上看，老人是不让孙子"帮倒忙"。实际的意思是，帮别人忙是好事，但如果帮忙以后，对别人没有真正的帮助，没有让小男孩儿学会修理围墙，没有锻炼他的耐心，那这种忙就不应该帮。所以帮忙要看情况。

44　C　录音第一句就提到"想去抓鱼"。

45　D　录音最后一句提到"我是这个溜冰场的经理"，可知这个人是在滑冰场凿冰。

全真模拟试题二

第一部分

1. A 开车
   B 睡觉
   C 复习
   D 考试

2. A 电影非常棒
   B 演员不好
   C 导演不好
   D 他没看电影

3. A 采访
   B 找工作
   C 考大学
   D 选专业

4. A 喜欢春天
   B 期待夏天
   C 喜欢刮风
   D 喜欢刮风时穿裙子

5. A 女的的职业是售货员
   B 男的要给女的买花儿
   C 女的今天卖花儿
   D 女的的妈妈来买花儿

6. A 自己的技术不够好
   B 自己想学摄影专业
   C 自己参加过比赛
   D 自己正要去比赛

7. A 邻居
   B 亲戚
   C 同学
   D 同事

8. A 坏脾气
   B 安全感
   C 不良习惯
   D 工作情况

9. A 小王

   B 小李

   C 经理

   D 小王和小李

10. A 四月中旬

    B 四月末

    C 五月十号左右

    D 五月中旬

11. A 样子不够好

    B 颜色不合适

    C 质量不合格

    D 价格不够低

12. A 男的想睡觉

    B 女的很懂球

    C 男的是球迷

    D 女的要关电视

13. A 爱吃甜的

    B 不吃饺子

    C 不会做菜

    D 是南方人

14. A 像皇帝

    B 很幸福

    C 不丰富

    D 不轻松

15. A 后悔

    B 珍惜

    C 感动

    D 无奈

16. A 租金非常高

    B 房间面积小

    C 环境比较吵

    D 交通不方便

17. A 刚买了新车

    B 开车很熟练

    C 还没有驾照

    D 得多练习开车

18. A 他太老实

    B 他身体不好

    C 自己很紧张

    D 不太喜欢他

19. A 教书

    B 看书

    C 锻炼身体

    D 抱孙子

20. A 这儿什么商品都有

    B 他常在这儿买东西

    C 这儿的东西不可信

    D 这儿的东西真便宜

第二部分

第 21—45 题：请选出正确答案。

21. A 委屈

    B 同情

    C 羡慕

    D 不满

22. A 起床晚了

    B 路上堵车了

    C 有事耽误了

    D 汽车晚点了

23. A 吃一点儿海鲜

    B 换别的菜

    C 再点个菜

    D 换别的海鲜

24. A 儿子学习很认真

    B 儿子不喜欢同学

    C 女的让男的教训儿子

    D 男的非常生气

25. A 出国旅游

    B 出国工作

    C 出国留学

    D 出国定居

26. A 不满

    B 怀疑

    C 伤心

    D 抱歉

27. A 明天的日程

    B 会议的内容

    C 飞机的时间

    D 饭店的菜单

28. A 想和女朋友去旅游

    B 去过湖南旅游

    C 喜欢旅游

    D 和女朋友分手了

29. A 公共汽车上
    B 长途汽车上
    C 飞机上
    D 火车上

30. A 威胁女的
    B 安慰女的
    C 鼓励女的
    D 询问女的

31. A 喜欢英语电影
    B 喜欢英语小说
    C 喜欢英语演讲
    D 想去英国旅游

32. A 找老师帮助
    B 交外国朋友
    C 参加演讲比赛
    D 经常自己练习

33. A 用农药
    B 多浇水
    C 让儿子帮忙
    D 把庄稼拔起来

34. A 越长越好
    B 都死了
    C 收了很多粮食
    D 还是没长高

35. A 学习知识很重要
    B 努力不一定成功
    C 应该尊重规律
    D 应该互相帮助

36. A 湖的形状像天鹅
    B 以前这里有天鹅
    C 常有天鹅来玩儿
    D 这里的人喜欢天鹅

37. A 花
    B 树
    C 桥
    D 山

38. A 千里马
    B 死马
    C 普通的马
    D 马头

39. A 很失望

    B 很惊讶

    C 很生气

    D 很满意

40. A 国王真心买马

    B 国王有很多金子

    C 国王派人找千里马

    D 千里马越来越多

41. A 找工具

    B 砍树

    C 造船

    D 划船

42. A 寻找它的时候

    B 忙别的事情的时候

    C 烦恼的时候

    D 跟朋友在一起的时候

43. A 老虎

    B 马

    C 老虎的头和马的身子

    D 马的头和老虎的身子

44. A 大儿子见过马

    B 二儿子见过虎

    C 二儿子杀了马

    D 大儿子杀了虎

45. A 马和老虎

    B 做事不认真

    C 学习不刻苦

    D 做事速度快

全真模拟试题二录音文本

（音乐，30秒，渐弱）

大家好！欢迎参加HSK（五级）考试。
大家好！欢迎参加HSK（五级）考试。
大家好！欢迎参加HSK（五级）考试。

HSK（五级）听力考试分两部分，共45题。
请大家注意，听力考试现在开始。

第一部分

第1-20题，请选出正确答案。现在开始第1题：

1. 女：东东，你是不是该睡觉了？
   男：老师突然说明天测验，我得开夜车呢。
   问：男的在做什么？

2. 女：这部电影的导演是你最喜欢的，一定很棒吧？
   男：导演水平倒是挺高，可是演员演得真不怎么样。
   问：男的是什么意思？

3. 男：人家要学新闻的，就我一个是中文专业，我都不好意思把简历交上去。
   女：你不试试怎么知道行不行。
   问：男的可能在做什么？

4．男：这儿春天天气不好，隔几天就刮一次风。

　　女：快点儿刮吧。刮它三个月，我就可以穿裙子了。

　　问：女的是什么意思？

5．男：哎，小张，你也来买花儿？

　　女：这里的花儿我不用买。这是我妈妈的店，我来当个临时售货员。

　　问：根据对话，下面哪项正确？

6．女：小张，你这摄影技术可以去参加比赛了。

　　男：哪里哪里，我这业余水平哪能跟人家专业的比啊？

　　问：男的是什么意思？

7．女：怎么没见过你？是新来的吧？

　　男：你好，我叫李成，就在隔壁办公室。

　　问：他们可能是什么关系？

8．男：我真不明白她为什么要分手。

　　女：仔细想想，你毛病挺多的：抽烟，喝酒，脾气还不好。女人要的是安
　　　　全感。

　　问：女的没谈到男的什么方面？

9．男：小王，这个项目方案谁来写？

　　女：经理让我和小李一人负责一部分。

　　问：谁要写项目方案？

10．男：你的毕业论文交了没有？

　　女：还没呢。很多同学没修改完，学校说可以推迟半个月，五月中旬再交。

问：原来应该什么时候交论文？

11. 男：刚才那件大衣样子时髦，颜色也很适合你，怎么不买呢？

女：今天只能打九折，等新年商店搞活动的时候再买吧。

问：女的为什么不买大衣？

12. 女：你别大喊大叫的。不就看个球赛吗？还让不让人睡觉了？

男：你哪懂这里的乐趣！我把电视声音关小点儿，不叫了，行吗？

问：下面哪项正确？

13. 男：都说北方人爱吃面，爱吃咸的；南方人爱吃米，爱吃甜的。你是这样吗？

女：我怎么反而爱吃面条、饺子，做菜总放好多盐呢？

问：关于女的，可以知道什么？

14. 男：现在的孩子真幸福。全家人照顾这一个，"小皇帝"似的。

女：哪有天天上辅导班的皇帝？小小年纪要学这学那，他们的压力也不小。

问：女的认为孩子的生活怎么样？

15. 女：你大学一毕业就在这儿工作了吗？

男：对。我以前一直想当编辑。可是那次应聘没通过，只好当了记者。

问：对现在的工作，男的是什么态度？

16. 女：你昨天看房子了吗？租了没有？

男：没租。其实租金挺合理的，房子很干净，周围环境也不错，就是离地铁站远了点儿。

问：男的为什么没租房子？

17. 男：买车半年了，怎么没见你开车上班啊？

女：虽然有驾照，但还是新手。一上路就紧张，不敢上班高峰出来。

问：关于女的，下面哪项正确？

18. 男：怎么样？第一次见面，对那个小伙子印象好不好？

女：人倒是挺老实，但是好像没有那种脸红心跳的感觉。

问：女的是什么意思？

19. 女：王老，您退休后不打算再回学校教书吗？

男：还是让年轻人干吧。我就想打打太极拳，在家看书抱孙子。

问：退休后，男的不想干什么？

20. 女：你在这个网站买过东西没有？东西又全又便宜。

男：如果你买到的都是真货，那才是真的便宜。

问：男的是什么意思？

第二部分

第 21—45 题，请选出正确答案。现在开始第 21 题：

21. 女：听说你们昨天去小李的新家了？

男：是啊，他的新居是三室两厅两卫。

女：总共多大面积？

男：总面积 180 多平米，一进门就是一个非常大的厅，大概有 60 平米，真漂亮！

问：男的是什么语气？

22. 女：你怎么这么晚才来？

　　男：别提了，一出门就堵车，半个小时的路，我开了一个半小时。

　　女：本来是九点上班，现在都十点了。

　　男：真没办法，明天我提前两个小时就出来！

　　问：男的为什么来晚了？

23. 女：请问您有什么忌口的吗？

　　男：我对海鲜过敏。

　　女：您点的这个菜里有少量的海鲜，最好换一个。

　　男：是吗？那我再看看菜单。

　　问：女的建议男的做什么？

24. 男：老师，我儿子最近表现怎么样？

　　女：他最近上课很不认真，还影响别的同学，不是问这个借东西，就是跟那个说话。

　　男：什么？今天回去得好好教训教训他！

　　女：你别着急，教训也不能解决问题，最好问问孩子是不是有什么困难或者问题。

　　问：从对话中可以知道什么？

25. 男：我想毕业后读研究生，你说应该在国内读呢，还是去国外读？

　　女：出国留学可以增长见识，你应该趁年轻出去看看外面的世界。

　　男：可是出国的学费太高，我都这么大了，不想再花父母的钱了。

　　女：那你可以毕业后先工作挣钱，然后再出国。

　　问：他们在谈论什么？

26. 女：刚才给你打电话一直都占线，你在给谁打电话？

男：我在跟客户谈一件重要的事情。

女：什么客户？用得着谈那么长时间吗？

男：你看你，怎么老是不相信我呢？

问：男的是什么态度？

27. 男：明天接待客户的事都安排好了吗？

女：好了，早上九点去机场接客户，十点到十二点开会。

男：中午的宴会安排在哪儿？

女：在北京饭店的西餐厅。

问：他们在谈论什么？

28. 女：你和你女朋友是怎么认识的？

男：说起来真有意思。我第一次见到她是去云南旅游的时候。

女：然后你们就在一起了？

男：没有，我以为我们不会再见面了，后来我去西藏旅游，没想到又遇到了她，你说巧不巧？

问：关于男的，我们可以知道什么？

29. 女：先生，您的行李比较大，放在行李架上不安全。

男：没问题，你看这不是挺稳的吗？

女：列车开起来速度很快，万一掉下来会很危险。

男：好吧，那就放在座位下边吧。

问：对话可能发生在哪儿？

30. 男：病人目前的情况，必须马上做手术。

女：啊？大夫，会不会有危险？

男：这是个小手术，如果顺利的话，应该很快就会恢复的，不用担心。

女：谢谢您，我可能是太紧张了。

问：男的是什么意思？

第 31 到 32 题是根据下面一段对话：

男：王琳，我有个问题想问你。

女：嗯，什么问题？

男：以前你的英语不是很好，怎么突然就变好了呢？

女：要说最重要的原因，大概是因为我喜欢用英语演讲。

男：是这样啊，所以说"兴趣是最好的老师"。

女：我一开始也不喜欢英语演讲，但我一直坚持练习，结果就真的喜欢
上了。

男：这么说，只有像你一样坚持下去，才能取得成功啊。

女：你说哪儿去了，我离成功还远着呢！

31．女的英语为什么变好了？

32．女的是怎么培养自己的兴趣的？

第 33 到 35 题是根据下面一段话：

从前，有一个农夫，他担心自己田里的庄稼长不高，就天天到田里去看。
可是，一天，两天，三天，庄稼好像一点儿也没有长高。他急得转来转去，
一定要想个办法帮助它们生长。终于他想出了办法。他把庄稼一棵一棵地拔
起来，从早上一直忙到太阳下山。回家以后，农夫得意地把今天的事讲给儿
子听，觉得自己很有功劳，只用了一天就让庄稼长高了很多。可是他儿子去
田里一看，庄稼全都枯死了。农夫自以为很聪明，结果却一粒粮食也没收到。

33．农夫是怎么让庄稼长高的？

34．后来农夫的庄稼怎么样了？

35．这个故事想说明什么道理？

第 36 到 37 题是根据下面一段话：

我的家乡有一个美丽的湖，名叫天鹅湖。据说许多年以前，曾经有一群天鹅在这里生活。湖是圆形的，湖水清澈，碧绿发亮。湖的周围有茂密的树木。其中最美的是柳树，树下是一片嫩绿的草地，草地上开着红的、黄的、蓝的小花。湖上有一座小桥，把天鹅湖打扮得更加美丽。哦，天鹅湖，故乡的湖，我爱你！

36．这个湖为什么叫"天鹅湖"？

37．关于湖周围的景色，下面哪项没有提到？

第 38 到 40 题是根据下面一段话：

古代有一个国王非常喜爱骏马，他愿意用一千金的价格买一匹千里马。但是，千里马十分少见，于是他派了一个人到全国寻找千里马。这个人走了许多地方，总算打听到一匹千里马的消息。可是当他见到那匹马时，马却死了。

虽然马死了，但它却能证明千里马是存在的。于是，这个人用五百金买下了那匹死马的头，带着马头回去见国王。国王看到死马的头，愤怒地说："我要的是活马，而你却花这么多钱买一匹死马的头。你到底是什么意思？"那个人说："请大王不要生气，世界上千里马很少，不容易见到。我用五百金买下死马的头，是为了抓住这个机会，让人们知道国王是真心诚意买千里马的。如果这个消息传出去，肯定会有人找到千里马送给您的。"

果然，此后不到一年的时间，接连有好几个人领着千里马来见国王，国王终于找到了真正的千里马。

38．找千里马的人买到了什么？

39．对找马人的做法，国王是什么态度？

40．后来很多人给国王带来千里马，原因是什么？

第 41 到 42 题是根据下面一段话：

一群年轻人到处寻找快乐，但是，却遇到许多烦恼、忧愁和痛苦。

他们向老师询问："快乐到底在哪里？"

老师说："你们还是先帮我造一条船吧！"

年轻人暂时把寻找快乐的事儿放到一边，找来造船的工具，用了49天，锯了一棵又高又大的树，造了一条木船。

船下水了，年轻人把老师请上船，一边用力划船，一边唱起歌来。老师问："孩子们，你们快乐吗？"

学生一齐回答："快乐极了！"

老师说："快乐就是这样，它往往在你忙着做别的事情时突然到来。"

41．什么事让学生们找到了快乐？

42．根据老师的说法，快乐什么时候会来？

第 43 到 45 题是根据下面一段话：

古时候有个画家，画画儿的水平很高，但是他有个毛病：做事不认真。一天，这个画家想画一只老虎。他先画了一只老虎的头，然后在下面画了一匹马的身子。

画家有两个儿子，他们都没见过马，也没见过虎。大儿子看见这幅画儿，问他画的是什么，画家说："是马。"二儿子看见画，也问他是什么，画家又说："是虎。"一天，大儿子出门时，看见一只老虎，以为是马，就想上去骑，结果被老虎吃掉了。二儿子出门的时候，看见一匹马，以为是老虎，就拿出刀把马杀了，结果不得不赔了别人很多钱。

从那以后，画家做事再也不敢不认真了。到了今天，人们就用"马虎"来形容做事不认真的人。

43．画家画了一幅什么画儿？

44．关于画家的儿子，下面哪项正确？

45．"马虎"用来形容什么？

听力考试现在结束。

全真模拟试题二答案解析

1　C　"开夜车"比喻为了赶时间在夜间继续学习或工作。男的说"明天测验"，可以推测他现在正在复习。

2　B　男的说"演员演得真不怎么样"。"不怎么样"的意思是"不好"。

3　B　男的说"不好意思把简历交上去"，由"交简历"可知是在找工作。

4　B　男的讨厌春天刮风。女的说"刮它三个月，我就可以穿裙子了"，是"希望春天快点儿过去，夏天赶快到来"的意思。

5　C　女的提到"这是我妈妈的店"，而她自己是"临时售货员"。所以她是在卖花儿，但是是"临时"的，可见她的职业并不是售货员。

6　A　男的说"我这业余水平哪能跟人家专业的比啊？"，反问句，意思是自己的水平不高，不能跟专业的比。"业余"和"专业"是一对反义词。"哪里哪里"是一个谦虚的说法，表示对别人称赞自己的委婉推辞。

7　D　男的和女的第一次见面。男的说自己在"隔壁办公室"，可知他们是同事。

8　D　女的提到"抽烟""喝酒""脾气不好""安全感"。前两个属于不良习惯，因此没有提到的是"工作情况"。

9　D　女的是小王。她说"经理让我和小李一人负责一部分"，可知小王和小李要一起写项目方案。

10　B　女的说"推迟半个月，五月中旬再交"。从五月中旬开始往前半个月是五月初或者四月末。

11　D　女的说"今天只能打九折"，要等搞活动的时候再买，所以是价格问题。

12　C　男的看球，激动得大声喊叫，打扰了女的睡觉，而且男的认为女的不懂看球的乐趣，这些都可以判断男的是球迷。

13　D　男的提到"南方人爱吃米，爱吃甜的"，女的说"我怎么反而爱吃面条、饺子"，用"反而"表示跟上文意思相反，等于在说自己的习惯跟一般南方人相反，跟北方人相同。可知她是南方人。

14　D　女的说"他们的压力也不小"，也就是说孩子的生活并不轻松。

15　D　"只好当了记者"中的"只好"表示不得不、没有办法，和选项D"无奈"意思相同。

16　D　男的对选项A"租金"和选项C"环境"都表示满意。录音中没有提到选项B"面积"。男的说"离地铁站远了点儿"，可见这个房子"交通不方便"。

17　D　女的说她是"新手"，即刚学会开车的人。"一上路就紧张，不敢上班高峰出来"，可见她需要多练习开车。

18　D　女的说自己对小伙子没有"脸红心跳的感觉"，也就是没有喜欢、爱慕的感觉。"脸红心跳"用来形容恋爱的状态。

19　A　提到教书的时候，男的说"还是让年轻人干吧"，表明自己不想干了。

20　C　男的说"如果你买到的都是真货，那才是真的便宜"，意思是虽然便宜，但买到的可能是假货。可见男的认为这个网站不可信。

21　C　男的对小李新家的评价是"真漂亮"，只有选项C是正面的。

22　B　抓住对话前面的部分，男的说"一出门就堵车"，可知迟到的原因是堵车。从对话中可以判断男的是自己开车的，可以排除选项D。

23　B　男的对海鲜过敏，选项A和D都是吃海鲜，不正确。女的说"这个菜里有少量的海鲜，最好换一个"，可知女的建议男的换别的菜。"忌口"指不能吃或不喜欢吃的食物。

24　D　儿子上课不认真，男的说"今天回去得好好教训教训他"，可见是生气了。女的说"教训也不能解决问题"，可见她并不赞成男的教训儿子。

25　C　两人从开头就在讨论出国读研究生的问题，可知选项C为正确答案。

26　A　"你看你，……"是典型的表示不满的句式。

27　A　男的开头问"明天接待客户的事都安排好了吗？"，所以他们对话的主题是明天的安排。女的提到的接机、开会的时间、午饭的地点等，都属于"明天的日程"。

28　C　男的和他女朋友在云南旅游时遇到，又在西藏旅游时再次遇到，可见男的喜欢旅游。

29　D　由关键词"列车"可知对话发生在火车上。

30　B　男的说"不用担心"，是安慰别人的典型用语。选项B与C有一定相似之处，但医生对病人的鼓励应该是"你应该对手术有信心"之类的表达，B比C更准确。

31　C　注意引导词。女的说"最重要的原因"是因为喜欢用英语演讲。

32　D　女的说"我一直坚持练习，结果就真的喜欢上了"。其他三个选项，录音中均没有提及。

33　D　根据录音"他把庄稼一棵一棵地拔起来"。

34　B　根据录音"庄稼全都枯死了"。

35　C　庄稼本来应该自然生长。农夫违背了自然规律，把庄稼拔了起来，结果庄稼全都枯死了。成语"拔苗助长"比喻违反事物发展的客观规律，急于求成，反而把事情弄得更加糟糕。

36　B　录音中提到"据说许多年以前，曾经有一群天鹅在这里生活"。

37　D　录音中依次提到的是"树""草""花""桥"，没有提到"山"。

38　D　找马人找到千里马时，马已经死了。录音中提到"这个人用五百金买下了那匹死马的头"。"金"是当时的一种货币计量单位。

39　C　录音中提到"国王看到死马的头，愤怒地说……"。与"愤怒"意思最接近的是"生气"。

40　A　找千里马的人买来了死马头，他说是为了"让人们知道国王是真心诚意买千里马的"。这个消息传出去以后，果然有好几个人带来了千里马。

41　C　虽然学生们划船、唱歌时回答老师"快乐极了！"，但只认为"划船"使他们快乐太过肤浅。先有"造船"这个过程，他们才享受到这个过程带来的划船、唱歌的幸福结果，所以"造船"才是真正带来快乐的事情。

42　　B　　根据老师所说"快乐就是这样，它往往在你忙着做别的事情时突然到来"。

43　　C　　录音提到画家"先画了一只老虎的头，然后在下面画了一匹马的身子"。

44　　C　　两个儿子"都没见过马，也没见过虎"。大儿子要去骑老虎，"结果被老虎吃掉了"。二儿子"看见一匹马，以为是老虎，就拿出刀把马杀了"。

45　　B　　词义猜测题。"马虎"不是字面的意思，这个故事讲的是画家画画儿不认真，害了自己的孩子。录音也提到"到了今天，人们就用'马虎'来形容做事不认真的人"。

全真模拟试题三

第一部分

第 1—20 题：请选出正确答案。

1. A 出国
   B 换工作
   C 搬家
   D 旅游

2. A 她很有经验
   B 她想换个工作
   C 她想涨工资
   D 她愿意在这儿工作

3. A 要请女的喝酒
   B 还没结婚
   C 快有孩子了
   D 还没喝过酒

4. A 运动员
   B 记者
   C 演员
   D 老师

5. A 庆祝新年了
   B 失眠了
   C 跟人吵架了
   D 放鞭炮了

6. A 连续剧没意思
   B 想看场电影
   C 没看过连续剧
   D 现在就去买票

7. A 送客人时
   B 陪客人吃饭时
   C 跟客人打电话时
   D 迎接客人时

8. A 装修
   B 打扫
   C 租房
   D 买房

9. A 没有时间
   B 时间不合适
   C 地点不理想
   D 意见不一致

10. A 正在找工作
    B 想进出版社
    C 学历不够高
    D 对应聘有信心

11. A 男的的身上
    B 安检口
    C 登机口
    D 箱子里

12. A 篮球和网球
    B 乒乓球和游泳
    C 游泳和篮球
    D 网球和乒乓球

13. A 开车很舒服
    B 开车不能上楼
    C 上三楼很舒服
    D 开车对身体不好

14. A 900 元
    B 1800 元
    C 2000 元
    D 4000 元

15. A 男的不认识女的
    B 女的剪了头发
    C 女的刚搬家
    D 女的很生气

16. A 很满意
    B 不理想
    C 错了一道题
    D 都答错了

17. A 不能确定
    B 很有希望
    C 无法相信
    D 没有机会

18. A 他不喜欢别的小朋友
    B 妈妈觉得天气不好
    C 爸爸觉得空气不好
    D 家里没有阳光

19. A 迎接

    B 祝贺

    C 告别

    D 介绍

20. A 你应该多带一块电池

    B 你应该再带一个手机

    C 你别总是忘东西

    D 你脑子好像有毛病

第二部分

第 21-45 题：请选出正确答案。

21. A 她觉得太贵

    B 黑的只有一个

    C 样子不好看

    D 没有别的颜色

25. A 让女的自己找翻译

    B 请别人介绍翻译

    C 让女的买翻译软件

    D 让女的下载翻译软件

22. A 打车

    B 开车

    C 走路

    D 骑车

26. A 时间

    B 主题

    C 作品

    D 奖金

23. A 刘经理去广州了

    B 女的是刘经理的爱人

    C 男的和刘经理约好了

    D 刘经理正在开会

27. A 赞成

    B 反对

    C 可惜

    D 不理解

24. A 天气太冷

    B 下雨没带伞

    C 洗了冷水澡

    D 被女的传染了

28. A 经理

    B 司机

    C 交通警察

    D 停车场管理员

29. A 该市的环境很好
    B 企业没有污染
    C 一些企业关闭了
    D 污染企业都停产了

30. A 产品的竞争力
    B 产品的合作
    C 广告的价格
    D 谈判的计划

31. A 熊猫害怕地震
    B 熊猫找不到食物
    C 熊猫在地震中受伤
    D 熊猫大量死亡

32. A 保护自然环境
    B 给熊猫送竹子
    C 保护熊猫的安全
    D 把熊猫送到动物园

33. A 堵住自己的耳朵
    B 用布包住铜铃
    C 用工具偷铜铃
    D 堵住别人的耳朵

34. A 骗人没有好结果
    B 不能自己骗自己
    C 偷东西会被抓住
    D 做事要选择方法

35. A 太阳向西移
    B 猫喜欢阳光
    C 猫喜欢睡午觉
    D 人喜欢睡午觉

36. A 光和热
    B 天才医生
    C 诺贝尔医学奖
    D 日光疗法

37. A 猫喜欢光和热
    B 教授是个天才
    C 天才善于发现
    D 诺贝尔医学奖的历史

38. A 她不喜欢孩子
    B 船上有别的座位
    C 她要去找自己的孩子
    D 让妈妈和孩子在一起

39. A 700 多人

    B 1500 多人

    C 2200 多人

    D 3700 多人

40. A 她坐船要回家

    B 她没结婚

    C 她不幸死去了

    D 她有两个孩子

41. A 食物

    B 水

    C 鸟巢

    D 树枝

42. A 对待机会的态度

    B 条件的好坏

    C 机会的好坏

    D 自己的理想

43. A 孟子的童年

    B 孟母搬家

    C 孟子的母亲

    D 孟子的学校

44. A 一个

    B 两个

    C 三个

    D 四个

45. A 环境对孩子很重要

    B 读书对孩子很重要

    C 朋友对孩子很重要

    D 母亲对孩子很重要

全真模拟试题三录音文本

（音乐，30秒，渐弱）

大家好！欢迎参加 HSK（五级）考试。

大家好！欢迎参加 HSK（五级）考试。

大家好！欢迎参加 HSK（五级）考试。

HSK（五级）听力考试分两部分，共45题。

请大家注意，听力考试现在开始。

第一部分

第 1—20 题，请选出正确答案。现在开始第 1 题：

1. 女：听说你想换个环境，不在这儿干了？

   男：是啊。这儿地方小，我觉得我的能力发挥不出来。

   问：男的要做什么？

2. 男：我们公司工资不太高，不知道你会不会觉得委屈。

   女：我刚刚毕业，现在重要的是多学点儿东西，积累经验。

   问：女的是什么意思？

3. 女：听说你的女朋友又漂亮又能干，什么时候喝你们的喜酒啊？

   男：啊？你还不知道我要当爸爸了吗？

   问：关于男的，可以知道什么？

4. 女：明天让你老婆跟咱们一起去打羽毛球吧。

   男：不行啊。明天是电影节开幕式，她得去跑个专题报道。

   问：男的的妻子可能从事的是什么职业？

5. 男：新年第一天，你怎么这么没精神？

   女：别提了。昨天晚上那鞭炮声，吵得我一夜没睡着。

   问：女的昨天晚上怎么了？

6. 女：今晚电视里有《天天想你》的最后一集，都等了一个星期了。

   男：我宁愿天天买票看电影，也不想看一眼这种连续剧。

   问：男的是什么意思？

7. 男：一会儿到家给我们发个短信，我们好放心。

   女：好。今天真是谢谢你们的招待。

   问：这段对话可能发生在什么时候？

8. 女：咱们把客厅和阳台打通，屋子的面积就能显得大很多。

   男：对，再买块儿漂亮的地毯，配上白色沙发。

   问：他们在谈论什么？

9. 男：你们的旅游计划还没确定吗？

   女：还没有。大家这个说时间不合适，那个说地方不够好，什么意见都有。

   问：他们的计划为什么还没确定？

10. 男：你出版社的面试怎么样了？

    女：他们要博士生，而我是硕士毕业。

    问：关于女的，下面哪项不对？

11. 女：前面就是登机口，你把咱们的登机牌和护照准备好。

   男：等一下，我找找，安检完之后，我把护照放在随身的箱子里了。

   问：护照现在在哪儿？

12. 女：咱们班参加了这么多次校运会，终于拿到好成绩了。

   男：篮球拿了冠军，游泳是第二名，网球和乒乓球也差点儿进了前三名，真不容易。

   问：他们班哪些比赛是前三名？

13. 男：还是开车舒服。坐在车里风吹不着，雨淋不着。

   女：是舒服，舒服得你现在上个三楼都累得不行。

   问：女的是什么意思？

14. 女：新来的这批手机，价格从800元到4000元不等。不过销售量最好的是1000元左右的。

   男：看来人们还是喜欢实用的东西。

   问：根据对话，人们最喜欢什么价格的手机？

15. 女：你怎么连我都不认识了？我是隔壁小李呀！

   男：你把头发剪了，我还真有点儿认不出来了。

   问：从对话中可以知道什么？

16. 女：儿子，考试考得怎么样？

   男：您别问了，最后几道题我一道也没答对。

   问：男的考得怎么样？

17. 女：小李，下周的谈判你来负责吧。

男：我很愿意代表公司谈判。不过对方的要价太高，能不能有个理想的结果，我没多大把握。

问：男的对谈判是什么态度？

18．女：今天阳光太强，孩子就跟我在家里玩儿吧。

男：你总不让他出门。一会儿风大，一会儿下雨，他比别的小朋友少了多少快乐。

问：孩子为什么不常出门？

19．男：妈，就送到这儿吧。我又不是第一次坐火车。

女：那我就不进去了。祝你一路平安！

问：他们在做什么？

20．男：快快，帮我找找手机充电器，这两块电池都用完了。

女：你根本没带充电器啊。我看你下次出门得记得带脑子了。

问：女的是什么意思？

第二部分

第 21—45 题，请选出正确答案。现在开始第 21 题：

21．男：您看这个包，原价 2800，现价 580。

女：我看这个黑的不错，帮我拿个新的。

男：黑的就这一个了，其实这个也挺新的。要不您换个别的颜色的。

女：算了，我还是去别的地方看看吧。

问：女的为什么没买？

22. 男：你们住哪儿？我送你们吧。

　　女：不用不用，我们打车就行了。

　　男：这个地方打车不方便，你们就别跟我客气了。

　　女：你喝了酒不能开车，我们走到前面的路口就能叫到车了，放心吧。

　　问：女的要怎么走？

23. 男：请问刘经理在吗？我想和他谈一谈。

　　女：刘经理开会去了，您和他约好了吗？

　　男：没有，但我真的有急事。他什么时候回来？

　　女：刘经理开完会，下午就要去广州出差，大概后天才能回来。

　　问：从对话中可以知道什么？

24. 女：你怎么了？

　　男：感冒了，又是发烧又是咳嗽。

　　女：这两天降温，是不是着凉了？

　　男：别提了，前天晚上下雨没带伞，把我浇得像落汤鸡似的，第二天就
　　　　病了。

　　问：男的为什么感冒了？

25. 女：你认识法语翻译吗？快帮我介绍一个，我有急事。

　　男：法语翻译我不认识，但我可以给你介绍一个翻译软件。

　　女：什么软件？好用吗？

　　男：非常方便，你用这个地址下载一个就行了。

　　问：男的有什么建议？

26. 女：张主任，请问这次摄影展的主题是什么？

　　男：主题是"世界上最美的风景"，参加展览的有来自世界各地的人物、

风光、建筑等作品。

女：展览到什么时候结束？

男：展览在本周六结束，届时我们将会评出摄影作品的一、二、三等奖。

问：关于摄影展，没有提到哪一项？

27．男：你们单位的小王呢？

女：你还不知道吗？小王辞职了。

男：干得好好的，怎么突然辞职了呢？

女：我也觉得莫名其妙。领导和同事都很喜欢他，收入也不错，可他非要出国留学不可。

问：对小王辞职，女的是什么态度？

28．男：这里不能停车，按照规定应该罚款 100 元。

女：对不起，因为停车场没有车位了，我才临时停在这儿的。下次一定注意。

男：好吧，给你一次机会，这次算是警告。

女：太谢谢您了！

问：男的是什么职业？

29．女：请问我市的环境情况怎么样？

男：不太理想。我市污染严重的企业大概有十几家，对环境影响很大。

女：对这些企业，有什么处理办法呢？

男：大部分污染企业目前已经关闭了，但还有一些企业不遵守规定，还在悄悄地生产。

问：根据对话，可以知道什么？

30．男：大家谈一谈，咱们的产品为什么竞争不过对方？

女：我觉得咱们的广告做得不够多。

男：除了广告的问题呢？

女：产品的设计和质量也确实不如对方。

问：他们在谈论什么？

第 31 到 32 题是根据下面一段对话：

女：这里是我国最大的熊猫保护区之一。

男：听说地震以后，大熊猫的生活也受到了影响。

女：是的，地震虽然没有直接造成熊猫的死亡，但是却破坏了熊猫的生
存环境。

男：能不能说得具体一点儿？

女：比如说，地震导致保护区的竹子大面积死亡，熊猫很难找到食物。

男：那有什么解决办法呢？

女：为了让熊猫安全地过冬，我们把很多熊猫送到了北京或成都的动物园。

31．地震对大熊猫有什么影响？

32．目前有什么办法解决熊猫的生存问题？

第 33 到 34 题是根据下面一段话：

从前有一个人，看见人家大门上挂着一个铜铃，想把它偷走。他明明知
道，那个铜铃只要用手一碰，就会丁零丁零地响起来，容易被人发现，可是
他想："如果我把耳朵堵住，不就听不见了吗？"于是，他堵住了自己的耳
朵，伸手去偷铜铃。没想到手刚刚碰到铜铃，铜铃就发出了响亮的声音，他
自己也就被别人发现了。

33．这个人用了什么办法偷铜铃？

34．这个故事告诉我们什么？

第 35 到 37 题是根据下面一段话：

芬生教授有一个习惯，总是在午饭后坐在门前晒会儿太阳。一只猫在阳光下舒服地睡午觉，时间一分一秒地过去，太阳一步一步向西移动，猫醒了，又来到了另一块有阳光的地方，躺了下来，接着睡觉。这一切看起来并没什么特别，可是却引起了教授的好奇心。猫为什么喜欢在阳光下睡觉呢？对，是光和热。猫喜欢呆在阳光下，说明光和热对它一定是有好处的。那么，对人是不是也同样有好处呢？这个想法在教授的脑子里闪了一下。就是这个引起了芬生教授的兴趣。不久，日光疗法便诞生了，芬生教授也因此获得了诺贝尔医学奖。其实在很多时候，天才和普通人的区别就在于能比别人多想一步。

35. 教授晒太阳时发现了什么？

36. 教授的发现后来引发了什么东西的产生？

37. 这段话想要告诉我们什么？

第 38 到 40 题是根据下面一段话：

1912 年 4 月 14 日，乘坐了 2200 多人的巨大轮船泰坦尼克号在海上撞上了冰山，轮船开始下沉。人们慌忙离开轮船，妇女和儿童首先上了救生船。这时，一个妇女大声喊道："请给我空出个地方！我的两个孩子在救生船上，我必须和他们在一起！"有人回答："这里没有地方了！"孩子们听到妈妈的声音，伤心地哭了起来。一位年轻妇女坐在孩子们身边，她平静地站起来说："我这儿有座位！坐我的座位吧！我没有结婚，也没有孩子！"说着，她离开了救生船。不久，轮船就沉入了大海，这位年轻妇女和船上的 1500 多人不幸遇难。她是谁？听说她叫伊文思，坐船是要回自己的家。关于她的情况，人们只知道这么多。

38. 伊文思为什么要让出她的座位？

39. 根据这段话，船上大概有多少人遇难？

40. 关于伊文思，下面哪项不对？

第 41 到 42 题是根据下面一段话：

有一种鸟能成功地飞过太平洋，靠的却只是一根树枝。它飞行的时候，把树枝衔在嘴里，累了，就把树枝放在水里，站在上面休息。我们试想一下，如果它带上鸟巢和足够的食物，还能飞得动吗？还能飞得远吗？所以说，成功不在于条件好坏，而在于对待机会的态度。弱者即使在良好的条件中也会错失机会，强者却能在没有条件时创造机会。就像飞越太平洋的小鸟，仅仅依靠一根树枝就能达到自己的目标，实现自己的理想。

41. 这种鸟飞过太平洋时靠什么休息？

42. 这段话告诉我们，要想成功，什么很重要？

第 43 到 45 题是根据下面一段话：

孟子很小的时候父亲就去世了，但他的母亲仍然非常重视他的教育。最初，小孟子家住在郊外，经常有人在后面的山坡上给死人举行葬礼，所以小孟子总喜欢和小伙伴学别人办葬礼的样子。母亲看了很担心，就把家搬到了市场旁边。不巧的是，这次孟子家的邻居是个杀猪的，没多久，小孟子又开始学杀猪的样子玩儿。这次，母亲接受了前两次的教训，把家搬到了一个小学校的附近。听到学校里的读书声，小孟子每天都跑到学校的窗户下面去听讲。慢慢地，小孟子变了，他不但十分爱读书，还懂礼貌，成了一个好少年。

43. 这个故事的题目应该是什么？

44. 这段话提到了孟子的几个家？

45. 这段话告诉我们什么？

听力考试现在结束。

全真模拟试题三答案解析

1　B　女的听说男的想"不在这儿干了"，即不在这儿工作了。男的认为在这儿他"能力发挥不出来"，也就是要换个新工作，去可以发挥自己能力的地方。

2　D　女的说"重要的是多学点儿东西，积累经验"，男的提到的"工资不太高"，她并不在乎，可以看出她愿意在这儿工作。

3　C　男的说"你还不知道我要当爸爸了吗？"，反问句，可知他快有孩子了。"喝喜酒"指参加婚礼。"什么时候喝你们的喜酒？"的意思是"你们什么时候结婚？"。

4　B　由关键词"报道"可知男的的妻子是记者。

5　B　女的说鞭炮声"吵得我一夜没睡着"。

6　A　男的说"我宁愿天天买票看电影，也不想看一眼这种连续剧"。"宁愿……也不……"结构表示两方面比较，选择前者。对男的来说，天天买票看电影虽然贵，也比看连续剧好。因此可以判断他觉得"连续剧没意思"。

7　A　"谢谢你们的招待"是做客告别时的常用语，可见是送客场景。

8　A　录音提到"把客厅和阳台打通"、买地毯、配沙发，可知是在谈论装修。

9　D　女的说"什么意见都有"与选项D"意见不一致"相符合。

10　D　男的问女的关于出版社面试的情况，可知女的在找工作而且想进出版社。女的说"他们要博士生，而我是硕士毕业"，可见她学历不够高，对自己没有信心。

11　D　男的说"安检完之后，我把护照放在随身的箱子里了"。

12　C　"冠军"的意思是第一名。篮球第一名，游泳第二名，所以进前三名的是篮球和游泳。"差点儿"用在肯定形式中，表示说话人希望发生而没有发生，表示惋惜。因此网球和乒乓球没进前三。

13　D　男的觉得开车很舒服。女的说开车舒服的结果是"你现在上个三楼都累得不行"，可见女的认为开车对身体不好。"累得不行"的意思是"非常累"。

14　A　女的提到"销售量最好的是1000元左右的"。

15　B　因为女的剪了头发，男的"有点儿认不出来"她了。"认不出来"和"不认识"的意思不同。

16　B　男的说"最后几道题我一道也没答对"，所以对全部考题来说，他答错了一部分，考得不理想。

17　A　男的说"我没多大把握"，即不知道是否能成功，结果不确定。

18　B　男的说"你总不让他出门"，又提到"风大""下雨"。女的自己提到"阳光太强"。总之是女的觉得天气不好。

19　C　由关键词"送""一路平安"，可知是告别场景。

20　C　女的说"你下次出门得记得带脑子"是开玩笑的说法，意思是让男的用用脑子，别总是忘记带东西。

21　B　女的想要黑色包，男的说"黑的就这一个了"。

22　A　女的在开头就提到"打车"。

23　D　男的要见刘经理但没有提前约好。女的说"刘经理开会去了"与选项D相符合。

24　B　男的说"前天晚上下雨没带伞"，与选项B相符合。

25　D　对话前边男的提到不认识法语翻译，但是"可以给你介绍一个翻译软件"，指向选项C和D。他接着又说"你用这个地址下载"，可知答案是D。

26　D　关于时间，录音提到"本周六结束"。关于主题，录音提到"世界上最美的风景"。关于作品，录音提到"人物、风光、建筑等"。用排除法，没提到的是选项D"奖金"。

27　D　女的说"我也觉得莫名其妙"。"莫名其妙"指事情很奇怪，说不出道理来，比"反对"更为复杂。

28　C　语境题。因为女的把车停在禁止停车的地方，男的先是要对她"罚款100元"，后来退了一步，改为口头"警告"。可以行使这种职权的只有"交通警察"。

29   C   对话的主题是关于污染和企业的，可以使用排除法。根据对话前半部分可知该市的环境情况"不太理想"，企业污染严重，可以排除选项A和选项B。根据后半部分，男的说一些企业"还在悄悄地生产"，可以排除选项D。

30   A   从对话开头可以了解他们讨论的是"产品为什么竞争不过对方"，因此他们谈论的是产品竞争力的问题。

31   B   女的说"地震导致保护区的竹子大面积死亡，熊猫很难找到食物"。

32   D   女的说"我们把很多熊猫送到了北京或成都的动物园"。

33   A   录音提到小偷"堵住了自己的耳朵"。

34   B   小偷堵住自己的耳朵，以为自己听不见，别人也听不见。成语"掩耳盗铃"比喻自己欺骗自己。

35   B   这段话讲述了"日光疗法"的诞生过程。教授发现猫随着西下的太阳一点一点移动位置，追随阳光，因而想到光和热对猫和人都有好处。

36   D   录音提到"不久，日光疗法便诞生了"。

37   C   根据录音最后一句"天才和普通人的区别就在于能比别人多想一步"。

38   D   那个妇女想上船，是要跟自己的孩子在一起。伊文思把座位让给她也是因为这个原因。

39   B   根据录音中的句子"这位年轻妇女和船上的1500多人不幸遇难"。

40   D   录音中提到伊文思"没有结婚，也没有孩子"。

41   D   录音中提到鸟"累了，就把树枝放在水里，站在上面休息"。

42   A   根据录音"成功不在于条件好坏，而在于对待机会的态度"。

43   B   这是关于孟子母亲三次搬家的故事，因此选 B。

44   C   三个家，分别在郊外、市场旁边以及学校附近。

45   A   "孟母三迁"是中国历史上很有名的故事，说明环境对成长的重要性。因为三次搬家遇到的邻居不同，孟子学到的东西也不一样。最终"学校"这个好的环境让孟子成了爱学习、懂礼貌的好孩子。

全真模拟试题四

第一部分

第 1−20 题：请选出正确答案。

1. A 跟中国人一样好
   B 看得懂中文电影
   C 需要英文翻译
   D 还不认识汉字

2. A 让人兴奋
   B 让人生气
   C 很值得看
   D 应该睡前看

3. A 房间太小
   B 风景不好
   C 出门不方便
   D 晚上不安静

4. A 两片
   B 三片
   C 六片
   D 九片

5. A 付款
   B 存款
   C 取款
   D 贷款

6. A 换个手机
   B 找人修手机
   C 找公用电话
   D 出了地铁再打

7. A 这款香味太淡
   B 这款她已经有了
   C 这款卖得不好
   D 这款是新产品

8. A 祝你学业有成
   B 祝你假期愉快
   C 祝你工作顺利
   D 祝你白头到老

9. A 颜色太鲜艳

   B 价格有点贵

   C 样子很难看

   D 风格不理想

10. A 她打算下次用

    B 她花钱不够多

    C 优惠券过期了

    D 优惠券已经用过了

11. A 需要挣钱养家

    B 知识已经足够

    C 找工作很容易

    D 想要丰富的生活

12. A 表示问候

    B 表示客气

    C 表示感激

    D 表示道歉

13. A 红队会赢

    B 蓝队会胜

    C 不好估计

    D 要看天气

14. A 变成了外国国籍

    B 加入了中国国籍

    C 越来越想念亲人

    D 越来越想念中国

15. A 常有矛盾

    B 感情很深

    C 互相讨厌

    D 打算结婚

16. A 张总不想去了

    B 航班取消了

    C 他记错日期了

    D 会议日程改了

17. A 觉得孩子很自由

    B 羡慕孩子没压力

    C 希望能有个孩子

    D 不想给孩子交房租

18. A 喝减肥茶

    B 锻炼身体

    C 吃减肥药

    D 少吃东西

19. A 让女的决定
    B 开会讨论
    C 问导演意见
    D 按去年的办

20. A 在出版社工作
    B 想给男的一本书
    C 有电子版的书
    D 不去书店买书

第二部分

第 21—45 题：请选出正确答案。

21. A 男的是经理
    B 男的不能请假
    C 男的回来要加班
    D 项目没按时完成

22. A 他正好有票
    B 电视里没有
    C 想和女的一起去
    D 喜欢球场的气氛

23. A 银行
    B 邮局
    C 停车场
    D 商店柜台

24. A 学习开车
    B 小心开车
    C 行车路线
    D 行车距离

25. A 男的是卖家具的
    B 男的去过家具城
    C 女的想买家具
    D 女的的房子没装修好

26. A 男的预订了
    B 餐厅的人很多
    C 别的餐厅很远
    D 男的愿意排队

27. A 母子
    B 父女
    C 夫妻
    D 兄妹

28. A 同情男的
    B 辅导男的
    C 鼓励男的
    D 批评男的

29. A 买养老保险

    B 买投资产品

    C 领工资

    D 领退休金

30. A 委屈

    B 犹豫

    C 坚决

    D 自豪

31. A 取消了

    B 延误了

    C 飞机坏了

    D 出事故了

32. A 下午 4：20

    B 下午 6：20

    C 上午 10：16

    D 下午 8：16

33. A 汉族

    B 壮族

    C 满族

    D 回族

34. A 共有 56 个

    B 人口约占 92%

    C 都集中在一起

    D 主要在边疆地区

35. A 国王

    B 他自己

    C 乐队的同事

    D 国王的儿子

36. A 新国王喜欢听 300 人吹竽

    B 新国王喜欢听一个人吹竽

    C 新国王不喜欢听人吹竽

    D 新国王不喜欢南郭先生

37. A 骗子很狡猾

    B 骗子很危险

    C 骗子早晚会失败

    D 骗子很容易发现

38. A 称赞

    B 看不起

    C 支持

    D 怀疑

39. A 它坐下来休息了
    B 它找不到终点
    C 它太骄傲了
    D 它比乌龟跑得慢

40. A 她赚钱很多
    B 她心态乐观
    C 她身体很好
    D 她没遇到烦恼

41. A 等星期五
    B 等节日
    C 等三天
    D 等第二天

42. A 善良
    B 天真
    C 坦率
    D 乐观

43. A 诚实的
    B 勇敢的
    C 会种花儿的
    D 自信的

44. A 他拿了空花盆
    B 他换了别的种子
    C 他非常高兴
    D 他说了假话

45. A 天气很闷热
    B 气氛不热闹
    C 感觉很无聊
    D 烦恼不开心

全真模拟试题四录音文本

(音乐,30秒,渐弱)

大家好!欢迎参加 HSK(五级)考试。

大家好!欢迎参加 HSK(五级)考试。

大家好!欢迎参加 HSK(五级)考试。

HSK(五级)听力考试分两部分,共 45 题。

请大家注意,听力考试现在开始。

第一部分

第 1-20 题,请选出正确答案。现在开始第 1 题:

1. 女:你在中国生活一年了,中文电影都看得懂吧?

   男:还是得看英文字幕才行。

   问:男的的汉语水平怎么样?

2. 女:昨晚的比赛你看了没有?

   男:怎么能不看?气得我一晚上没睡好。

   问:男的觉得比赛怎么样?

3. 男:小姐,您想换个什么样的房间?

   女:离电梯远一点儿,能让我睡个好觉的就行。

   问:女的现在的房间可能有什么问题?

4. 女：大夫，这药怎么吃？

　　男：你早晚各吃一次，一次吃三片。

　　问：这种药一天吃几片？

5. 男：这么多的钱，你们收现金吗？

　　女：您最好给我们寄支票，也可以通过银行汇款。

　　问：他们在谈论什么？

6. 女：儿子，我的手机是不是坏了？在地铁里打电话总打不通。

　　男：妈，地铁里信号都不好，是正常的，出来就好了。

　　问：要想打电话，女的应该怎么做？

7. 男：小姐，要不要试试这款香水？新上市的，销量特别好。

　　女：这款啊，别人刚送了我一瓶。我想试一款味儿比较淡的。

　　问：女的为什么不试这款香水？

8. 女：爸，就送到这儿吧，我到了英国就给你打电话。

　　男：好，那我就不进去了。你在那边好好照顾自己，多用功。

　　问：男的后面可能要说什么？

9. 男：你看这套沙发怎么样？不错吧？

　　女：好是好，只是咱家都是中式风格，这套的感觉太欧式了吧？

　　问：女的觉得这套沙发怎么样？

10. 女：服务员，结账。你看我这优惠券能不能用？

　　男：对不起，女士，您得消费满200元才能享受优惠。要不您下次再用吧。

　　问：女的为什么不能用优惠券？

11. 女：听我的，你要是考上研究生，毕业找工作不是更容易吗？

    男：妈，我还是想走出学校看看。学了十几年，太单调了。

    问：男的为什么不想考研究生？

12. 女：你看你，来就来吧，还带什么水果！

    男：又不是什么贵重东西。我好不容易来一次，哪能空着手呢？

    问：男的是什么意思？

13. 男：作为本次比赛的忠实观众，你觉得哪个队更可能胜利？

    女：我当然希望是我支持的红队，不过不到最后一刻谁也不知道。

    问：女的觉得比赛结果会怎么样？

14. 女：在国外这么多年，你早就移民了吧？

    男：我没有移民的打算。离得越远，越能体会到对祖国的感情。我早晚
    得回到中国。

    问：在国外这么多年，男的有什么变化？

15. 男：坐你办公桌对面那个小张，人挺不错的吧？

    女：他？我俩一起工作两年，吵的架比一对结婚十年的夫妻都多。

    问：女的和小张关系怎么样？

16. 女：你今天不是陪张总出差吗？怎么还在这儿？

    男：那边这几天刮台风，会议延期到下周了。

    问：男的为什么没去出差？

17. 女：我最不喜欢小时候，总得按照大人的意思做，一点儿自由都没有。

    男：我倒是很想当个小孩儿。这样就不用交房租，还信用卡了。

问：男的是什么意思？

18. 男：这么快就变苗条了，是不是减肥茶的效果？

女：别提了，我一喝那个就过敏。你要是也想瘦，还是也去买张健身卡吧。

问：女的是怎么减肥成功的？

19. 女：这次中秋节晚会怎么搞，有什么新想法没有？

男：要不咱们先开会征求一下大家的意见？

问：男的认为应该怎么做？

20. 男：哎，这本书你有电子版的呀？

女：是啊。书店里早卖没了，就只好在网上下载了一个收费的电子书。

问：关于女的，可以知道什么？

第二部分

第 21-45 题，请选出正确答案。现在开始第 21 题：

21. 男：经理，我想请两天假。

女：请假？你不是不知道，你的这个项目非常重要，下周必须完成。

男：您放心，我回来以后加班做，保证按时完成。

女：那好吧，我批准了。

问：从对话中可以知道什么？

22. 男：明天晚上 CBA 的篮球赛，咱们一起去看吧。

女：你为什么总是去球场看比赛，在家看电视不是一样吗？

男：赛场上气氛热烈，只有去了才能感受到。

女：难怪你每次都那么辛苦地去排队买票。

问：男的为什么要去球场看比赛？

23．男：请问这儿能用信用卡吗？

女：对不起，我们只收现金。

男：好吧，请给我开张发票。

女：这是您的发票，还有您的商品，请拿好。

问：他们最可能在哪儿？

24．女：多危险啊！你差点儿就撞着他了。

男：撞不着，差得远呢。

女：什么差得远？幸亏他动作快，一下子跳到旁边，不然肯定会出车祸。
我说你能不能开慢点儿？

男：好嘞，听你的！

问：他们在谈论什么？

25．男：你们的新房子装修得真不错。

女：还可以吧，现在就差家具还没买了。

男：我听说红星家具城正在搞家具展销，不但打折，还送礼品呢。

女：真的吗？那我们明天就去看看。

问：根据对话，下面哪项正确？

26．女：您好，请问有预订吗？

男：没有。要排队吗？

女：现在用餐的人比较多，可能要等半个小时左右。

男：那我们去别的餐厅看看吧。

问：根据对话，下面哪项正确？

27. 女：你们日子过得好好的，为什么要离婚？

　　男：我们已经没有感情了，要是继续在一起，那不是耽误对方吗？

　　女：这么大的事也不和家里商量一下，我无论如何都不同意！

　　男：您不同意也得同意，离婚是我们两个人的事，明天我们就去办手续。

　　问：说话人是什么关系？

28. 女：你的托福考试准备得怎么样了？

　　男：哎，口语太难了，我都想放弃了。

　　女：我在网上看到一个辅导班，有外教专门辅导口语，你去试试看，成绩肯定能提高。

　　男：真的吗？快把网址发给我看看。

　　问：女的在做什么？

29. 男：我今年28岁，想问一下怎么办理养老保险？

　　女：养老保险买得越早，费用越低。您现在买，每个月交500元就可以了。

　　男：每个月500元，要交多少年呢？

　　女：交到国家规定的退休年龄，然后您就可以按月领保险金了。

　　问：男的想做什么？

30. 女：干这个工作太委屈你了，凭你的简历，应该找个更好的工作。

　　男：经理，我失业已经半年了，家里上有老，下有小，我非常需要这份工作！

　　女：我是担心你心理不平衡，觉得没面子。

　　男：我是靠自己的劳动挣钱，有什么没面子的？您就放心吧。

　　问：男的是什么态度？

第 31 到 32 题是根据下面一段话：

女士们、先生们，我们抱歉地通知您，您乘坐的 ZH9329 飞往深圳的航班，由于当地遭遇雷雨天气，起飞时间从下午 16 点 20 分调整至晚上 20 点 16 分，请您在候机厅耐心等待。给您的出行带来不便，我们深表歉意。稍后我们将为您提供晚餐，请到 13 号登机口领取。谢谢您的理解和配合！

31．航班出了什么问题？

32．航班原定几点起飞？

第 33 到 34 题是根据下面一段对话：

女：观众朋友们，今天我们讨论的是中国的民族。张教授，请您给大家介绍一下我国的民族，好吗？

男：好。我国是一个多民族的国家，全国一共有 56 个民族。汉族人口最多，约占全国人口的 92%。其他 55 个民族人口较少，被称为少数民族。

女：哦。那么最大的少数民族是哪个呢？

男：人口最多的少数民族是壮族，大约有 1700 多万人。另外，人口在 400 万以上的还有满族、回族、苗族、维吾尔族、土家族、彝族、蒙古族、藏族等。

女：这些少数民族都集中在一起吗？

男：不一定。少数民族主要分布在西南、西北和东北等边疆地区，但大部分还是和汉族共同居住生活的。所以说，我国少数民族分布的特点是"大杂居、小聚居"。

33．中国人口最多的少数民族是哪个？

34．关于少数民族，下面哪项正确？

第 35 到 37 题是根据下面一段话：

竽是中国古代的乐器。齐国有个国王喜欢听人吹竽，而且一定要 300 个人一起吹。南郭先生听说了之后，请求为国王吹竽，国王很高兴。其实南郭先生根本不会吹竽，他每次都坐在 300 人中间，装着很努力的样子和他们一起吹。就这样，南郭先生在乐队工作了好几年，竟然没有人发现这个秘密。后来，国王死了，他的儿子当了新国王。新国王也喜欢听吹竽，但他喜欢让人一个一个地吹，南郭先生看到这种情况，知道再也没法在乐队呆下去了，只好逃走了。

35．谁知道南郭先生不会吹竽？

36．后来南郭先生为什么逃走了？

37．这个故事告诉我们什么？

第 38 到 39 题是根据下面一段话：

一天，兔子向其他动物夸耀自己跑得飞快。"我跑得过任何人，"它喊道，"你们有谁想和我比一比吗？" 乌龟说："我来和你比。" 兔子笑了："你？这太可笑了！" 可乌龟却说："等到比赛结束后再笑吧。"

商量好比赛的路线之后，它们就出发了。兔子跑得飞快，很快就跑到了前面，于是开始坐下来休息。坐着坐着，它睡着了。这时乌龟赶了上来，从兔子身边经过。它没有停下来，还是一直往前走。当兔子醒来时，已经太晚了。它匆忙赶到终点时，只见乌龟坐在一块牌子旁边，上面写着两个字：终点。

38．兔子对乌龟是什么态度？

39．兔子为什么输了比赛？

第 40 到 42 题是根据下面一段话：

一位作家在纽约遇到一位卖花儿的老太太。老太太穿得很破旧，身体也很虚弱，但脸上的表情却十分兴奋。作家挑了一朵花儿说："看起来，您很高兴。"老太太微笑着说："是的，一切都这么美好，我为什么不高兴呢？"作家又说："对烦恼，您倒真能看得开。"没想到，老太太的回答更让作家吃惊。她说："耶稣被钉死在十字架上，那是全世界最糟糕的一天，可三天之后他就复活了。所以，每当我遇到不幸的事，就会等待三天，这样一切就恢复正常了。"

40．根据这段话，老太太为什么很高兴？

41．如果有不好的事情发生，老太太会怎么做？

42．老太太是怎样的人？

第 43 到 45 题是根据下面一段话：

从前，有一个国王。他的年纪很大了，却没有孩子，这件事让他很伤脑筋。他想了一个办法，要亲自在全国挑选一个诚实的孩子来当自己的儿子。他发给每个孩子一些花种，并宣布："如果谁能用这些种子种出最美丽的花儿，那么这个孩子就是我的继承人。"

很快，国王看花儿的日子到了。孩子们都穿着漂亮的衣服，捧着开满鲜花的花盆，每个人都想成为国王的儿子。但是，国王看到这些花儿，却是一副闷闷不乐的样子。

忽然，国王看见一个孩子捧着空花盆站在那里，他问道："你的花儿呢？"

孩子哭了，他告诉国王，不管怎么努力，他的种子都没有发芽。

国王激动地拉住孩子的手说："你就是我最诚实的儿子！"

原来，他发给孩子们的种子都是煮熟的，根本不可能开花。其他孩子都换了别的种子，只有这个孩子说了真话。

43．国王要挑选什么样的孩子？

44．关于国王选出来的孩子，下面哪项正确？

45．这段话中的"闷闷不乐"是什么意思？

听力考试现在结束。

全真模拟试题四答案解析

1　C　"得（děi）……才行"表示在事实上或主观上需要、应该、必须做某事。根据男的所说"得看英文字幕才行"，可知男的看电影还是需要英文翻译。

2　B　男的说"气得我一晚上没睡好"，表示他非常生气。"怎么能不看？"的意思是"必须要看"。

3　D　女的要求"离电梯远一点儿，能让我睡个好觉"，可见女的睡不好觉是因为房间离电梯太近，不够安静。

4　C　"早晚各吃一次"即一天吃两次。"一次吃三片"，所以一天吃六片。

5　A　男的问女的是否"收现金"，可知男的是在付钱。女的提到"寄支票""汇款"，都是付款的方式。

6　D　地铁里手机信号不好，根据男的所说"出来就好了"，也就是说女的应该出了地铁再打。

7　B　女的说"别人刚送了我一瓶"，所以这款她已经有了。她要试淡香水，可知这款香味应该不太淡。

8　A　"用功"的意思是"努力学习"，男的提到"多用功"，可知女的是去英国留学，祝愿可以用"学业有成"。选项B、C、D可分别用于度假、工作和结婚。

9　D　女的说自己家是中式风格，而这套沙发是欧式风格，所以对风格不太满意。

10　B　男的说女的需要"消费满200元才能享受优惠"，可见女的这次消费不够200元，即花钱不够多。

11　D　男的说"学了十几年，太单调了"，与"单调"一词相反的是"丰富"，因而选D。

12　B　"空着手"指手里不拿东西，比喻不带礼物。男的来女的家里拜访，女的说不用带礼物，男的说"好不容易来一次"，一定要带礼物，是一种客气的说法。

13   C   女的只是希望红队胜，但对结果并不确定。

14   D   男的说"体会到对祖国的感情"，即想念中国。

15   A   "吵的架比一对结婚十年的夫妻都多"表示女的和小张经常吵架，所以常有矛盾。

16   D   "延期"即"推迟"，意思是把预定的时间向后改动。男的说"会议延期到下周了"，可见会议的日程改了。

17   B   "交房租""还信用卡"都是大人才有的压力，所以男的那么说表示他羡慕孩子没有压力。

18   B   女的让男的"买张健身卡"，也就是说建议他去健身、锻炼身体。

19   B   男的提到"先开会"征求意见。"要不"常用于提建议。

20   C   选项D看似也有道理。女的说"书店里早卖没了，就只好在网上下载"，可见她的第一选择是在书店买书，因此选项D不对。

21   C   男的向经理请假，经理批准了，条件是男的"回来以后加班做"。

22   D   男的说"赛场上气氛热烈，只有去了才能感受到"。

23   D   对话提到"信用卡""现金""发票"，是典型的购物场景，可以先画出选项D。对话最后提到"商品"，可以确定选项D是正确答案。

24   B   对话提到关键词"撞""车祸"，最后女的说"你能不能开慢点儿"，意思是提醒男的小心开车。

25   C   女的说"现在就差家具还没买了"，可知她要买家具。

26   B   根据录音"现在用餐的人比较多"。

27   A   女的说"这么大的事也不和家里商量一下"，可知她是男的的家人。女的用"不同意"来否定男的离婚，男的用"您"来称呼女的，可知女的是长辈，可以推测出他们应该是母子关系。

28   C   男的想放弃，女的建议男的去口语辅导班，说"成绩肯定能提高"，是鼓励的说法。

29　A　根据对话开头，男的是在咨询怎么办养老保险。先画出 A 项，听完整个对话后排除其他项，确定正确答案为 A。

30　C　男的在找工作。女的说"太委屈你了""担心你心理不平衡，觉得没面子"，而男的说"非常需要这份工作""有什么没面子的"，可见他很肯定自己不会觉得丢人，态度坚决。

31　B　因为深圳的雷雨天气，"起飞时间从下午 16 点 20 分调整至晚上 20 点 16 分"。"延误"指飞机、火车等时间推迟。

32　A　根据录音中的话"从下午 16 点 20 分调整至晚上 20 点 16 分"。

33　B　注意问题是"少数民族"，而汉族不是少数民族。根据录音，"人口最多的少数民族是壮族"。细节题在听录音的过程中要注意做好笔记。

34　D　录音提到"少数民族主要分布在西南、西北和东北等边疆地区"。

35　B　国王和他的儿子都没有听过南郭先生单独吹竽。而在乐队里，录音提到"没有人发现这个秘密"，所以别的人也都不知道他不会吹竽。

36　B　录音提到新国王"喜欢让人一个一个地吹"。

37　C　成语"滥竽充数"比喻没有本领的冒充有本领的，不好的冒充好的。南郭先生最后逃走了，可见骗子早晚会失败。

38　B　对于乌龟要和自己比赛，兔子说"这太可笑了"，可见兔子对乌龟是看不起的态度。

39　C　虽然选项 A 看似也正确，但兔子坐下来休息就是因为它太骄傲了。所以根本原因"骄傲"才是正确答案。

40　B　老太太高兴不是因为没有遇到烦恼，而是遇到烦恼后还用乐观的心态面对世界，用她自己的话说就是"一切都这么美好"。

41　C　老太太说"每当我遇到不幸的事，就会等待三天"。

42　D　老太太精神愉悦，对生活充满信心，是典型的乐观心态。

43　A　录音提到国王"要亲自在全国挑选一个诚实的孩子来当自己的儿子"。

44　A　录音提到"孩子哭了"，可见他并不高兴，排除选项 C。录音提到"其他孩子都换了别的种子，只有这个孩子说了真话"，可以排除选项 B 和选项 D。

45　D　词义猜测题。国王"一副闷闷不乐的样子"，是因为他看到的都是不诚实的孩子。"乐"指"快乐"，根据上下文可以猜出"闷闷不乐"就是烦恼、不开心的意思。

汉 语 水 平 考 试 Ｈ Ｓ Ｋ （ 五 级 ） 答 题 卡

| 注意 | 请用 2B 铅笔这样写： ▬ |

一、听力

1. [A] [B] [C] [D]　　6. [A] [B] [C] [D]　　11. [A] [B] [C] [D]　　16. [A] [B] [C] [D]　　21. [A] [B] [C] [D]
2. [A] [B] [C] [D]　　7. [A] [B] [C] [D]　　12. [A] [B] [C] [D]　　17. [A] [B] [C] [D]　　22. [A] [B] [C] [D]
3. [A] [B] [C] [D]　　8. [A] [B] [C] [D]　　13. [A] [B] [C] [D]　　18. [A] [B] [C] [D]　　23. [A] [B] [C] [D]
4. [A] [B] [C] [D]　　9. [A] [B] [C] [D]　　14. [A] [B] [C] [D]　　19. [A] [B] [C] [D]　　24. [A] [B] [C] [D]
5. [A] [B] [C] [D]　　10. [A] [B] [C] [D]　　15. [A] [B] [C] [D]　　20. [A] [B] [C] [D]　　25. [A] [B] [C] [D]

26. [A] [B] [C] [D]　　31. [A] [B] [C] [D]　　36. [A] [B] [C] [D]　　41. [A] [B] [C] [D]
27. [A] [B] [C] [D]　　32. [A] [B] [C] [D]　　37. [A] [B] [C] [D]　　42. [A] [B] [C] [D]
28. [A] [B] [C] [D]　　33. [A] [B] [C] [D]　　38. [A] [B] [C] [D]　　43. [A] [B] [C] [D]
29. [A] [B] [C] [D]　　34. [A] [B] [C] [D]　　39. [A] [B] [C] [D]　　44. [A] [B] [C] [D]
30. [A] [B] [C] [D]　　35. [A] [B] [C] [D]　　40. [A] [B] [C] [D]　　45. [A] [B] [C] [D]

二、阅读

46. [A] [B] [C] [D]　　51. [A] [B] [C] [D]　　56. [A] [B] [C] [D]　　61. [A] [B] [C] [D]　　66. [A] [B] [C] [D]
47. [A] [B] [C] [D]　　52. [A] [B] [C] [D]　　57. [A] [B] [C] [D]　　62. [A] [B] [C] [D]　　67. [A] [B] [C] [D]
48. [A] [B] [C] [D]　　53. [A] [B] [C] [D]　　58. [A] [B] [C] [D]　　63. [A] [B] [C] [D]　　68. [A] [B] [C] [D]
49. [A] [B] [C] [D]　　54. [A] [B] [C] [D]　　59. [A] [B] [C] [D]　　64. [A] [B] [C] [D]　　69. [A] [B] [C] [D]
50. [A] [B] [C] [D]　　55. [A] [B] [C] [D]　　60. [A] [B] [C] [D]　　65. [A] [B] [C] [D]　　70. [A] [B] [C] [D]

71. [A] [B] [C] [D]　　76. [A] [B] [C] [D]　　81. [A] [B] [C] [D]　　86. [A] [B] [C] [D]
72. [A] [B] [C] [D]　　77. [A] [B] [C] [D]　　82. [A] [B] [C] [D]　　87. [A] [B] [C] [D]
73. [A] [B] [C] [D]　　78. [A] [B] [C] [D]　　83. [A] [B] [C] [D]　　88. [A] [B] [C] [D]
74. [A] [B] [C] [D]　　79. [A] [B] [C] [D]　　84. [A] [B] [C] [D]　　89. [A] [B] [C] [D]
75. [A] [B] [C] [D]　　80. [A] [B] [C] [D]　　85. [A] [B] [C] [D]　　90. [A] [B] [C] [D]

三、书写

91.
___

92.
___

93.
___

94.
___

汉 语 水 平 考 试 H S K （ 五 级 ） 答 题 卡

95.
———————————————————————————

96.
———————————————————————————

97.
———————————————————————————

98.
———————————————————————————

99.

48

80

100.

48

80

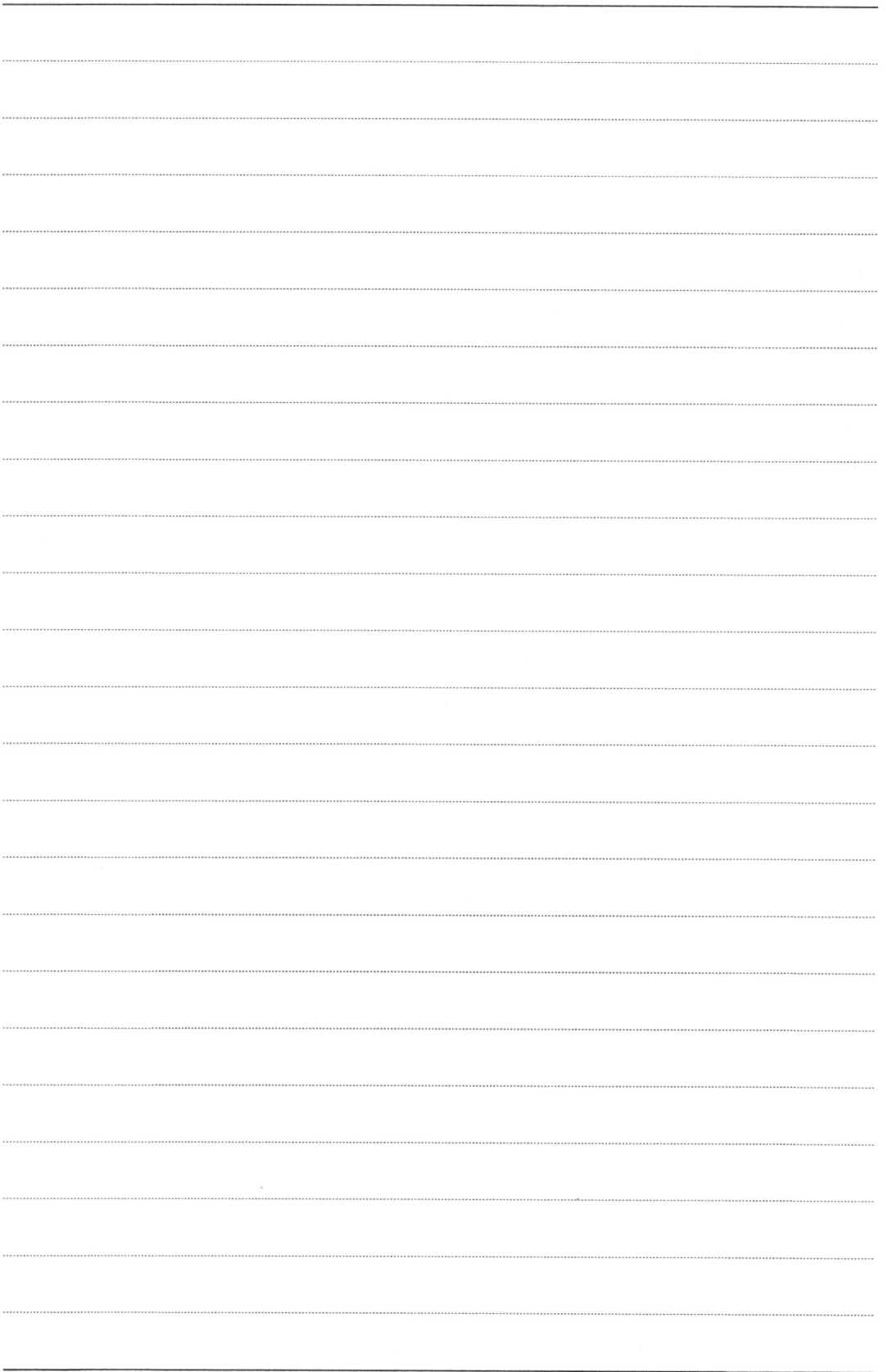

外研社 · HSK 课堂系列

　　"外研社·HSK 课堂系列"是一套训练学生听、说、读、写各方面技能的综合性考试教材，包括五大子系列。本系列教材紧扣 HSK 考试大纲，准确把握 HSK 考试的重点难点，分析深入浅出，讲解精练到位，使学生能够快乐学习、轻松过关。

1 HSK 词汇系列

4 HSK 通关系列

2 21 天征服 HSK 教程系列

5 HSK 全真模拟试题集系列

3 HSK 专项突破系列

快乐学汉语
轻松得高分！

《HSK 考试大纲》解析系列

"《HSK 考试大纲》解析系列"是由孔子学院总部 / 国家汉办组织策划编写、外语教学与研究出版社出版的一套 HSK 考试辅导用书。该系列根据孔子学院总部 / 国家汉办 2015 年推出的新版《HSK 考试大纲》秉承的理念和原则，以大纲为指导，全面解析考试要点，考教结合，以考促教。该系列主要包括《HSK 词汇学习手册》（包括一～三级、四级、五级和六级 4 个分册）、《HSK 语言点大纲解析与练习》等。

《HSK 词汇学习手册》紧扣"HSK 词汇大纲"，例句源于考试真题，通过对每个词语的解析，帮助学习者理解和掌握 HSK 词汇，扩大词汇量，突破词汇难关。

《HSK 语言点大纲解析与练习》通过对"HSK 语言点大纲"的详细解读，帮助学习者全方位了解 HSK 各级别语言点的具体内容和运用方法，真正为学习者解决语言点学习的难题。

HSK 考试大纲·词汇学习手册
一～三级
978-7-5135-9648-0　32.00

HSK 考试大纲·词汇学习手册
四级
978-7-5135-9647-3　32.00

HSK 考试大纲·词汇学习手册
五级
978-7-5135-9930-6　52.00

HSK 考试大纲·词汇学习手册
六级
978-7-5135-9929-0　82.00

HSK 语言点大纲解析与练习
978-7-5135-9644-2　99.00

订购电话 Tel: 86-010-88819938
订购邮箱 E-mail: guojiajia@fltrp.com
版权贸易 Copyright: international@fltrp.com

外研国际汉语
www.fltrp-clt.com

欢迎访问"外研社国际汉语教学资源网"获取更多教学资源
Please visit our website for more teaching resources

欢迎关注"汉考国际 CTI"微信公众号，了解更多考试信息
Scan the QR code to follow 汉考国际 CTI and gain more information about HSK

中文天天读
Reading China

　　《中文天天读》是专为汉语学习者编写的一套中文分级读物。既可作为课外读物，也可作为阅读教材。《中文天天读》具有如下特点：

- **分级读物**：按语言难度分为五个等级，每级各有不同的分册，可适合不同级别学习者使用；
- **中国话题**：话题从中国人的衣食住行、传统风俗与现代生活的交替到中国当代的语言、文化、经济等，从不同角度客观展现了中国的社会面貌；
- **文章简短**：篇幅短小，语言浅显，内容风趣，体裁多样，可充分调动学习者的阅读兴趣；
- **有声阅读**：每册均有配套 CD 或 MP3，学习者可边听边读，通过听、读两种方式欣赏地道的中文。

《中文天天读》包含如下产品：

1 级	1A 爱上中国	1B 小马过河	500 词汇
2 级	2A 奇妙的中文	2B 自行车王国	1000 词汇
3 级	3A 八月八日，我们结婚	3B 好一朵茉莉花	2000 词汇
4 级	4A 北京欢迎你	4B 种下一棵爱情树	3500 词汇
5 级	5A 熊猫外交	5B 中国的"春运潮"	5000 词汇

中国人的**生活**故事 （第二辑）

Stories of Chinese People's Lives II

　　《中国人的生活故事》（第二辑）是由孔子学院总部／国家汉办组织策划编写、外语教学与研究出版社出版的系列读物，通过讲述当代普通中国人的平凡生活，向世界各国的汉语学习者展现中国日新月异的变化，以及中国人在变化中对传统文化的传承和坚守。读者在阅读的过程中，既可以加深对当代中国的了解，也可以学习到鲜活、实用的汉语。

　　本系列读物共有七个分册，分别为：《弱冠桃李》《三十而立》《四十不惑》《五十知命》《六十花甲》《七十古稀》《耄耋之年》，呈现了从二十多岁的年轻人到八九十岁的耄耋老人的生活状态和精神风貌。图书图文并茂，可读性强，既可用作课堂教学的辅助材料，也适合学习者课外阅读学习。读者通过扫描二维码可以获得丰富的视听说在线资源，还有设计旗袍等趣味性活动配合阅读主题。